宗教改革の真実

カトリックとプロテスタントの社会史

永田諒一

講談社現代新書

プロローグ

一五一七年に、マルティン・ルター（一四八三―一五四六）が『九十五ヵ条論題』を発表した事件をきっかけとして、宗教改革がはじまった。ドイツでは、ルターを支持する宗教改革派（プロテスタント、福音主義派、あるいは新教徒とも呼ばれる）と、ローマ法王を頂点にいただくカトリック（ローマ・カトリック教会、あるいは旧教徒とも呼ばれる）とが反目、対立し、何度か和平の交渉が成立したにもかかわらず、十七世紀にはいると、「三十年戦争」という大きな宗教戦争に発展した。

宗教改革と宗派対立の時代とされるこの十六世紀と十七世紀の前半は、最近の研究成果によれば、実は宗教観だけでなく、社会のどの局面をみても、中世と近代の境目に位置する重要な時期であったといわれる。信仰のあり方だけでなく、中世以来の古い法や制度、経済構造や生活習慣、政治理念や世界観などがうまく機能しなくなり、それらがいわゆるリストラを受けるなかで、真に近代的なものが誕生しつつあった時期というわけである。

本書は、そのような時期についての様々な社会史的研究をふまえた考察である。つまり、当時の民衆、あるいは普通のひとびとが毎日どのような暮らしをおくり、また、どのような社会の変化に直面したか、そして、その変化にどのように対応したかをのぞいてみようという目的をもつ。そのことにより、今日の、そして歴史におけるヨーロッパ社会の個性や特質に思いをめぐらすときのヒントを得ていただければ幸いである。

なお、叙述に際しては、なるべく、依拠した史料、肯定的あるいは批判的に援用した先行の諸研究、そして、それらを用いての説明論理を明示することに気を使った。ひとつの社会の全体像を描くときに、ひとりで、ゼロから出発してすべてを解明することはできない。史料とともに様々な先行研究の成果を用いながら、過去の時代相をオリジナルに復原し、解釈することが歴史だからである。その点にも読書の楽しみを見いだしていただければ、一層、幸いである。具体的には、邦文で入手可能な先行研究の文献は、本文中に著者、書名等を記載したが、欧文文献は、研究者名だけを本文に記載し、書名等は巻末の参考文献の頁に列挙した。

なお、ルターにはじまるキリスト教宗派の名称として、今日では「宗教改革派」よりも「プロテスタント」の方が一般的であるが、その語ができたのは一五二九年以降である。本文中では、内容が一五二九年以前にもわたるので、歴史学用語として「宗教改革派」で統一した。

目次

第一章　社会史研究の発展

宗教改革派の説教風景（1529〜31年ごろ）

社会史研究のはじまり

社会のなかの普通のひとびとの暮らしぶりを調べる研究を、歴史学では「社会史研究」と呼んでいる。社会史研究は、この二、三十年間に大いに発展した分野である。はじめに、これからの話の基礎にある方法論とものの見方を明らかにしておくために、社会史とは何かを簡単に紹介しておく。

社会史は、近代歴史学ともいわれる伝統的な歴史学と対比させる形で説明するのがわかりやすい。我々が中学校や高校で習う歴史の基礎になっているのが、伝統的な歴史学である。十九世紀にドイツの歴史学者レオポルド・フォン・ランケ（一七九五―一八八六）によって確立されたとされるそれは、政治史の優位と事件史的な歴史叙述を特色としている。すなわち、王侯、貴族や政治家など、社会の上層のひとびとの行動や発言に焦点をあわせるとともに、革命や戦争など、社会の「急激に変化する過程」に注目してきた。例えば、カール大帝やナポレオン、百年戦争やフランス革命などが歴史の主役であり、舞台であった。ところが、社会史はこれに対抗する形で社会の全体、あるいは中下層に焦点をあわせ、また、百年も二百年も変わらない制度、習慣、ものの考え方に注目する。

西洋史だけでなく歴史学全体についてみても、この間の社会史研究の発展をリードしてきたのは、フランスの歴史学研究雑誌『アナール』であるということができる。『アナール』を研究論文の発表舞台として研究を進める人々を、ときとして「アナール学派」と呼ぶことがある。今日のあらゆる社会史研究は、この『アナール』の影響下にあるか、あるいはそれに対する批判の上に成立しているといっても過言ではない。

『アナール』を創刊したブロック（左）とフェーブル

『アナール』に集まる研究の流れを論じた文献は枚挙に暇《いとま》がないが、ここでは、阿河《あが》雄二郎氏（「アンシャンレジーム期の社会史研究の現状」『史林六四・二』一九八一年、など）の明快な記述に依拠する形で紹介しておきたい。

ことのはじまりは意外に古く、研究雑誌『アナール』は一九二九年、当時すでに高名であったフランスの二人の歴史学者マルク・ブロック（一八八六—一九九四）とリュシアン・フェーブル（一八七八—一九五六）によって刊行された。しかし、当初の彼らのもくろみは、まだ今日のような社会史にあったわけではなかった。(1)政治や大事件を重視する旧来の歴史に対抗して、社会をトータルに捉える「全体史」を試みること、(2)そのために、経済学、地理学、民俗学、言語学、文化人類学、社会学など、歴史学と接点を有する「歴史学の隣接諸科学」の方法と成果を積極的に取り入れること――が、彼らのさしあたりの目標であった。

「変化しないもの」の歴史

こうして出発した研究雑誌『アナール』は、これまでの歴史とは明確に異なる視点の研究を多く発表して反響を呼ぶとともに、次第に関心を社会の中下層に位置するひとびとの日常の暮らしに向けていった。その過程で、今日の社会史のあり方を決定づけるさらに新たな視点を提示したのが、フェルナン・ブローデル（一九〇二―八五）である。彼は、いつか来る変化を見すえながらも、「少なくとも百年、あるいは数百年間は変化しないもの、そして、それらの静態的な解明」に注意を向けた。彼のその視点は、「構造史」あるいは「長期的に持続する歴史」と呼ばれる。何のことかといえば、例えば現代の日本では、一日に三回の食事をとる習慣や、二十代中ごろで結婚するのが普通で、そのとき男は女より少しだけ年長で、かつ背が高く、高学歴が望ましいという日常生活の観念、そして、地形、気候の地域的特徴といったことである。これらは、少なくともこの百年間ほどは変化しなかったといえるが、しかし、人類の歴史がはじまって以来ずっと同じだったわけではない。事実、食事の回数はともかくとして、二十一世紀初頭の現在、結婚観だけでなく、地形、気候も変化期にさしかかっているのは、周知のとおりである。

変化しないものの歴史のうちでも、近年とりわけ研究が盛んなのが、心性史といわれる部門である。「心性」とは、フランス語の「マンタリテ」mentalitésの翻訳であるが、通常、「ひとが感じ、考える、その仕方」、または「心のありよう」と説明される。少数の知的エリートが頭をひねって生みだした高度な思想ではなく、平均的なひとびとが、半ば無意識的に当然のことと考えている日常生活の観念と言いかえることもできよう。先に言及した結婚観のありようは心性史の代表的なテーマのひとつである。

ブローデル

ところで、長期間変化しないもの、あるいは数百年を経てようやく変化するもののあり方を研究対象にしようと提案したブローデルの視点は、従来の歴史学の基本的な観念に対する挑戦となった。それまで歴史とは、変化するものを追究する学問であったが、彼に至って、歴史は「変化しないもの」にも注目することになった。「変化しない歴史」とは、考えてみれば、語義上の自己矛盾といえなくもない。

こうして、今日の社会史研究の基本的視点が確立されていった。近年、社会史の意義と方法を問い直す議論も盛んであるが、以上が社会史と社会史研究の最大公約数的な説明といっても、異論を唱えるひとは少ないと思われる。ドイツ宗教改革を対象とする社会史研究は、国の違いもあり、『アナール』の直接的な影響下にあるわけではないが、研究者たちが『アナール』の方法と成果を大いに参考としているのは確かである。本書のこれからの叙述も、このような視点をふまえている。

ルターは『九十五ヵ条論題』を教会の扉に貼り出さなかった

社会史研究は面白そうであるが、研究の実際は容易ではない。何に着眼して、それをどのような方法で把握するかも問題であるが、その前に研究材料、つまり史料が決定的に少ないのである。王侯、貴族たちの生活についてなら、その人物が書き残した日記やメモのたぐい、あるいは随臣たちが記録した公私の文書類が残っていることがある。しかしながら、一般大衆は日記を書く余裕もなかったし、第一、字が書けないほうが普通であった。当然、生活を記録してくれる召使いもいない。もっとも、本書が対象とする十六、十七世紀は、史料の点でいくらか救われている事情がある。後述するように、宗教改革と宗派対立の時代は活版印刷術が急速に普及したおかげで、それ以前の時代と比べれば、大衆の暮らしを示唆してくれる史料がかなり増えている。とはいっても、決して研究に十分な量とはいえない。

宗教改革時代のドイツについて、当時の民衆の活動を明らかにする史料の不足を示している興味深い研究例があるので、紹介しよう。宗教改革の発端となったとされるルターの『九十五ヵ条論題』貼り出し事件は史実ではない、彼はそのとき、『論題』を手紙でマインツ大司教に送りつけただけらしい――という話である。

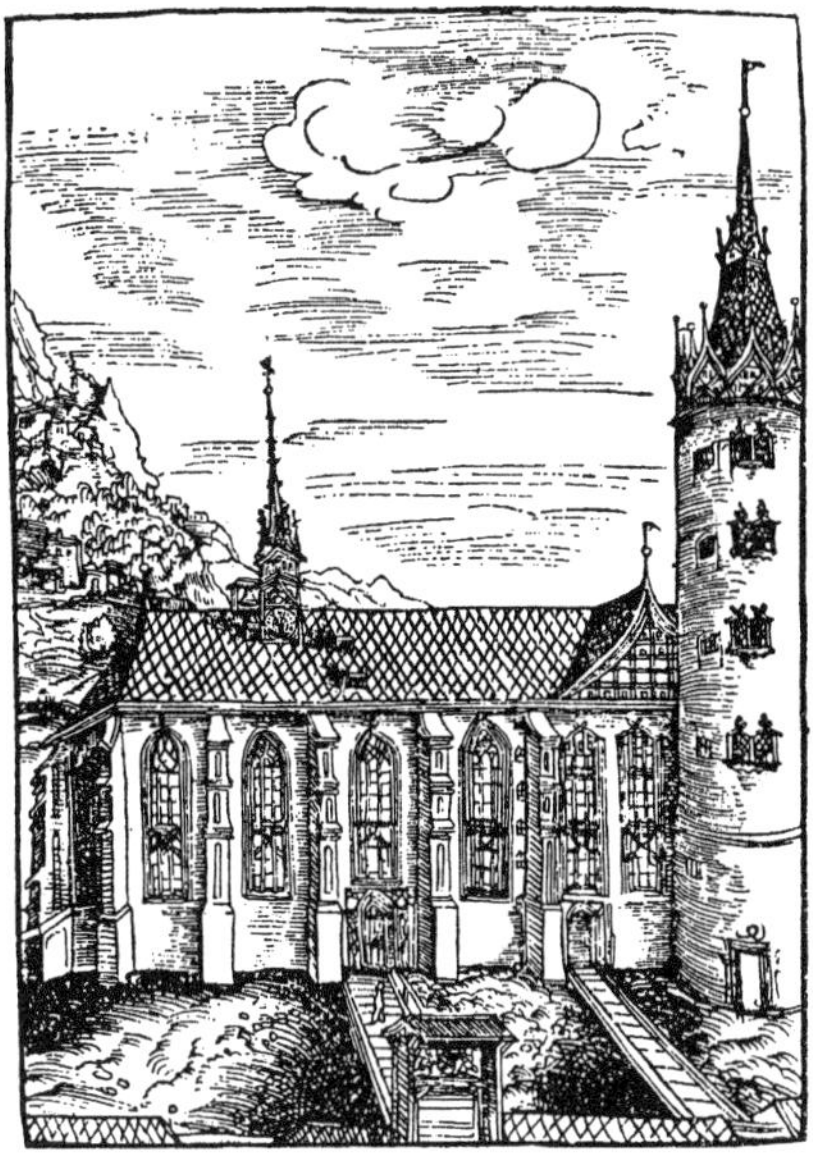
ヴィッテンベルク城教会

「宗教改革は、一五一七年十月三十一日の正午、ドイツ東部の町ヴィッテンベルクに住んでいたマルティン・ルターというまだ無名の修道士が、ローマ・カトリック教会の贖宥状《しょくゆうじょう》販売を批判する『九十五ヵ条論題』を、市内の城教会の扉に高々と貼り出した行動からはじまった」というのが、宗教改革開始についての有名な言い伝えであり、現在でも、そう書いてある歴史や文学関係の書物は多い。

贖宥状（俗に「免罪符」と呼びならわされてきた）とは、これを買えば、信仰上の違反行為や怠慢が許され、結果として来世の天国が約束されるという御札《おふだ》である。当時のローマ・カトリック教会の長であった法王レオ十世は、ローマのサン・ピエトロ大聖堂を再建する費用を得るために、ドイツで贖宥状を大々的に売り出していた。しかしルターは、修道士としてのそれまでの修行と思索から、死後の魂の救済は、そのような現世的行為によってではなく、「信仰のみ」によって達成されるという確信を得ていた。そのことを神学的問題提起の形でまとめたのが、『論題』であった。

それは、例えば、「我々の主であり、また、師であるイエス・キリストが『悔い改めよ』と語ったのは、信仰者の全生涯が悔い改めに他ならないことを望まれたがためである」（第一条）、「法王は、教会規則に従いながら自ら定めたことを除いては、いかなる罪をも赦《ゆる》そうとすべきではないし、また、赦すことができない」（第五条）、「それゆえ、法王の贖宥によって、ひとはあらゆる罪から解放されると説く贖宥説教者たちはまちがっている」（第二十二条）といった難解な条文から成り立っている。

しかし、ここでの問題は、その神学議論の詳細ではなく、『論題』貼り出し事件の真相

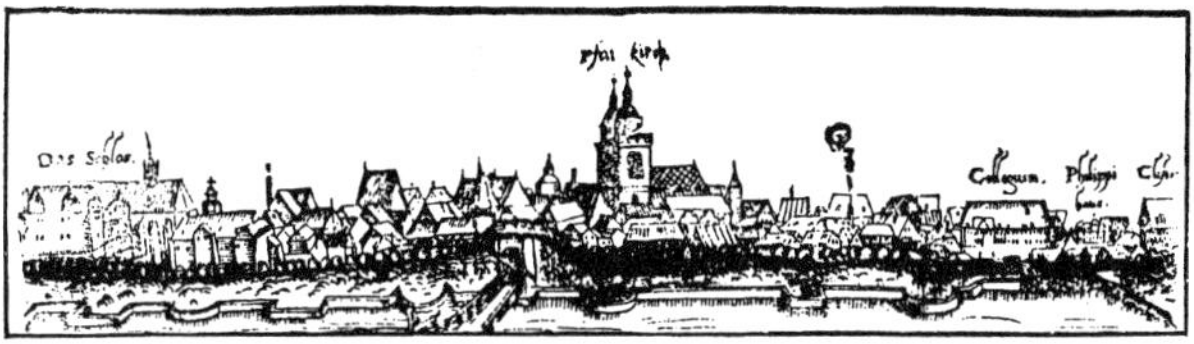

当時のヴィッテンベルクの町

である。当時、ルターが属していたザクセン選帝侯領邦の君主が所有するヴィッテンベルク城館に付属する教会が問題の城教会であるが、ここは、ルターが教授をつとめていたヴィッテンベルク大学の施設としても使われていた。そして、この教会の扉は、日頃から大学掲示板の役割を果たしていたという。また、中世以来、学問論争を試みる際には、まず教会の扉のような目立つ場所に自らの問題提起を公表する慣わしがあった。したがって、ルターが『論題』を教会の扉に貼り出したこと自体に不自然なところはない。

　しかしながら、言い伝え表現のうち、「十月三十一日」という日付と「『論題』を城教会の扉に貼り出した」というくだりは、今日、歴史的事実として確定されていない。むしろルターは、「その前後のある時期に」彼の上司であったマインツ大司教に「『論題』を書状で送り届けた」にすぎず、仮に城教会の扉への『論題』貼付《ちょうふ》があったとしても、それは、すでに運動が進みはじめたしばらく後のことであったろうというのが、今日、歴史的事実として推定されうる限界である。そのような歴史学界の判断にしたがって、日本の最近の高校世界史の教科書でも、いずれも以上の点をあいまいに叙述している。例えば、山川出版社の『詳説世界史』は、ルターは「贖宥状の悪弊を攻撃する『九十五ヵ条の論題』を発表した」という表現を使っている。他の教科書も、決して「貼り出した」とは書かず、「発表した」あるいは「公表した」という表現を用いている。

貼り出された『論題』は現存しない

十月三十一日の『論題』貼付が歴史的事実として確定されえないことがわかったのは、地道な研究を重ねた研究者たちのおかげである。日本でも渡辺茂氏が、研究論文（『ドイツ宗教改革―精神と歴史―』聖文舎、一九六八年）としてその詳細を論じているので、それを参考にしながら紹介しよう。わかったことは次のとおりである。

ルターが教会の扉に貼り出したという、画鋲《がびょう》か糊《のり》のあとが残っている一枚物の『九十五ヵ条論題』が現存していれば、話はずっと単純であるが、残念ながらそれは伝えられていない。ことのはじまりは、一九五九年にドイツの神学研究者フォルツが発表した「マルティン・ルターの論題掲示とその前史」という論文であった。この時点で、フォルツはまだ、ルターが教会の扉に『論題』を貼り出した事実に疑問を抱いていなかったが、貼付の日付については、言い伝えられている十月三十一日ではなく、その翌日の十一月一日のようだという考えを示した。その最大の根拠になったのは、弟子たちが書きとめたルターの後年の発言である。宗教改革の出発点を振り返って、ルターはしばしば、彼と「ローマ法王庁の論争がはじまったのは、一五一七年の諸聖人祝日であった」と語っているという。諸聖人祝日（万聖節）は、十一月一日である。この日は、聖人として名を残したひとびとを記念する祝日であるが、それだけでなく、「天国で神のもとにあるすべての死者の霊を慰める」日ともされている。日本の仏教でいえば、お彼岸かお盆にあたる祝日である。また、近年わが国でも知られるようになったハローウィンは、諸聖人祝日の前夜祭で、十月三十一日に行われる。

ルターが語る「論争がはじまった」日とは、当然、『論題』が貼り出された日であろうから、それは十月三十一日ではなく、十一月一日になる――というのがフォルツの見解であった。

でっち上げの犯人はメランヒトンだ

現在も、宗教改革派（プロテスタント）は、十月三十一日を宗教改革記念日という祝日に定めている。したがって、十月三十一日説を守りたい宗教改革派と、十一月一日説に少しだけ意地悪な興味を示すカトリックの宗派的関心を集めながら、その後いくつかの研究が発表された。研究進展の次の注目すべき手がかりを提供したのは、またもフォルツであった。彼は一九六二年、「論題貼付は事実か、伝説か」と題する論文を発表した。それは、ルター自身の発言、ルター在世中に書かれた報告や記録など、宗教改革初期の史料を洗い直した上で、どの記述も「十月三十一日に、『論題』が城教会の扉に貼り出された」事件については沈黙していること、そして「十月三十一日に貼付」の様々な伝承の典拠をさかのぼっていくと、それらはすべて、たったひとつの史料、すなわち、ルターの死から三年後の一五四九年に刊行されたメランヒトン（一四九七―一五六〇）の記述にたどりつくことを明らかにしていた。「十月三十一日の『論題』貼り出し」伝承の出発点は、メランヒトンの記述にあったことになる。

メランヒトン

メランヒトンは宗教改革の進展に尽力し、「ルターの片腕」「ルター第一の協力者」とされる人物である。彼は、一五四六年にルターの著作集を出版するが、その第二集の序文としてルターの伝記を書いた。そこには「ルターは新しい信仰への熱意に燃えて……贖宥に関する論題を公表した。彼は、それを一五一七年の諸聖人祝日の前日に、ヴィッテンベルク城近くの教会の扉に公然と掲示した」と記述されている。

メランヒトンが、なぜこのような記述をしたのかの事情はわからない。しかし、重要な点は、このルター伝が前々から幾多の点で記載事実の信憑性《しんぴょうせい》が取り沙汰されていた作品であることだとフォルツは言う。ある研究者によれば、「この有名な序文（＝ルター伝）は、やみくもに書きなぐられたもので、歴史資料としての価値はまったく認められない。その記事は、同時代の他の史料によって裏づけることができないかぎりは、まったく信じるに値しない」とされている。

フォルツ自身は、『論題』貼付がなかったとはいわないが、ここに至って、「十月三十一日の『論題』貼付」そのものが、確定された歴史事実から除外されたことになる。その後の諸研究も、その判断を覆す成果を生み出すことができないようである。

タイムマシンがほしい

『九十五ヵ条論題』貼り出し事件の真相は、一五一七年十月三十一日正午のヴィッテンベルク城教会前に正確に目的地ロック・オンできるタイムマシンが発明されないかぎりは、もはや確定不可能であろう。いずれにせよ、以上にみた事実解明の努力は、十六世紀という時代について、地位の高い人物ならともかく、一般のひとびとの生活や行動を確認する

現在のヴィッテンベルク城教会の扉

のが、史料の制約のせいで極めてむずかしいことを示している。宗教改革者として有名になってからのルターの言動は、相当程度によく知られているが、いまだ無名の一民衆であった時期のルターの言動は、よくわからないことになる。

ついでだが、現在の城教会は、その後に改築されたものである。その扉は上の写真に示したが、金属製になっており、しかも、史実に反して（?）『論題』の文面が彫り込んである。観光客やルター詣《もう》でのひとびとには、かっこうの記念撮影スポットになっている。

第二章　活版印刷術なくして宗教改革なし

16世紀の印刷工場の様子

グーテンベルクは印刷術の発明者か

宗教改革が起こった十六世紀前半は、グーテンベルクの功績といわれる活版印刷術が急速に普及した時期であった。おかげで、現代の歴史研究者だけでなく、当時の一般のひとびとにとっても、紙に印刷されたパンフレットや書籍に接する機会が飛躍的に増大した。とりわけ宗教改革派は、活版印刷術を用いて安価で大量の宣伝パンフレットを流布させ、ひとびとの支持を獲得するとともに、自らの勢力基盤を確立した。「活版印刷術なくして宗教改革なし」といわれるゆえんである。宗教改革は、印刷物というマスメディアを用いた、歴史上最初の思想宣伝運動であった。

しかしながら、状況は今日とはまだ少し異なっていた。印刷文書が増えたといっても、現代と比較すれば、ひとびとがそれに接する機会はまだまだ少なかった。たとえ印刷文書を手にしたとしても、識字率が低かったので、読むことができるひとは限られていた。また、宗教改革派は、この印刷文書を自己の宗派宣伝のために大いに活用したが、伝統的な思考に立つカトリック教会をはじめとして、この新しいメディアに批判的あるいは消極的なひとびとも少なくなかった。

活版印刷術は、十五世紀の中頃、ライン河畔の都市マインツの金細工職人であったヨハン・グーテンベルクが発明した、と一般にいわれている。彼は、ヨハン・フストや、その娘婿のペーター・シェッファーという人物と協力して印刷工場を経営し、大きな収益を得たそうである。しかし、「グーテンベルクの発明」ということについては、必ずしも歴史学的に確定されているわけではない。理由は三つほどに分けられる。最初の二つについては、今日、研究テーマとして独立した大分野を構えているので、ここでは比較的簡単な言及にとどめたい。

　最初の理由は、『論題』貼り出し事件の場合と同様に、無名の人物がなしとげた業績は記録に残りにくいという歴史学が抱える困難のせいである。いうまでもなく、グーテンベルクも民衆のひとりであった。また、活版印刷術は後の時代と違って、少なくとも彼の在世中は、全社会的な関心を喚起するところまでは行かなかったようである。プレッサー、高宮利行氏(『グーテンベルクの謎』岩波書店、一九九八年)、富田修二氏(『グーテンベルク聖書の行方』図書出版社、一九九二年)などによれば、彼の在世中の限られた数の史料は、ほとんどは断片的であったり、史料としての信憑性に欠けている。伝記や業績紹介の文献も、知ら

グーテンベルク

れているかぎり、すべて彼の死後に著されたものである。また、『グーテンベルク聖書』とも呼ばれるように、今日、まず間違いなく彼の印刷所の作品とされている一四五五年ごろ刊行の『四十二行聖書』にしても、それをもって、グーテンベルクが活版印刷術の発明者と判定する証拠とはならない。彼が、すでにあった技術を利用しただけかもしれないのである。また、実は、この書籍には発行年も印刷業者も明記されていない。

ハールレムのコステルが発明者か

第二の理由は、活版印刷術が、宗教改革以降今日に至るまで、情報伝達のマスメディアとしてひとびとの生活の必須部分となったことである。そのため、この工学技術の出発点への関心が高まったし、また、名誉を含めた様々な利害関係が絡みあって、グーテンベルクの他にもいろいろな名前が登場することになった。

例えば、オランダのひとびとの間では、今なお、活版印刷術の発明者はアムステルダム近郊の町ハールレムのラウレンス・コステルという説が根強い。ハールレムの町には、コステルの像が立てられている。この説によると、コステルは十五世紀前半に、この町で活版印刷の技術を確立した。その事業は多くの顧客を集め、利益をあげていた。しかし、一四四〇年にコステルが死んだとき、彼の職人のひとりであったヨハンという男が、密かに

コステル

その技術をマインツに持ち出した。その後、コステルの事業は、有能な後継者を得ることができずに消滅してしまったという。技術を密かに持ち出したヨハンとは、もちろん、ヨハン・グーテンベルクである。

諸研究によれば、コステル説の起源をたどると、十六世紀中頃のオランダの歴史家ハドリアヌス・ユニウスなる人物の叙述に行きつくことがわかっている。しかし、コステルの生きていた時代からユニウスの叙述のときまでの百五十年近くの間、コステルについての記録は全く知られていない。つまり、ルターの『論題』貼り出し事件に関するメランヒトンの叙述と事情は同じである。あるいは、百五十年も後の新説であることを考えると、ずっと悪辣《あくらつ》かもしれない。

活版印刷術は「発明」ではない

活版印刷術が「グーテンベルクの発明」と確定しがたい第三の理由は、本書の話の筋として少し大切であろう。活版印刷術は、エジソンの電球や蓄音機の発明とは少し異なり、従来からあったいくつかの個別技術の質的改良、それらの改良技術の適切な集積、そしてその事業化の総体であって、本来的に、誰が、いつ、どこで発明したと言いにくいものである。例えば、活字を組み合わせて、同じ内容の文書を複数印刷するということにかぎっていえば、そのような試みは中世からあった。我々が年賀状作りに利用するような、木版を用いた一頁分の活字版は各地で見られたし、イタリアのヴェネツィアでは、十四世紀の段階ですでに木の活字を組み合わせた枠を用いて印刷が行われていたという。単に起源をたどれば、おそらくきりがない。むしろ、活版印刷術が確立されるために質的改良が必要ないくつかのアイテムを考えるべきであろう。金属活字、インク、印刷機、そして紙である。以下に、フェーブルとマルタン（関根素子他訳『書物の出現』筑摩書房、一九八五年）、シンガー（田中実他訳『技術の歴史・第六巻』筑摩書房、一九七八年）を主要な材料として、それぞれの条件をみてみよう。

(1)金属活字の条件もいくつかある。一字ごとの活字を作り、それを組み合わせるというアイデアは、誰もが考えることである。中世の間に作られた木版の宗教画やカルタでも、版木を修繕したり、訂正するために、一部分を切り取って入れ替えることが行われていた。また、カルタなどに数字を入れるとき、ひとつひとつ、まるごと完全な版木を作るよりは、数字のところだけ入れ替える方が経済的である。また、木の活字はすり減りやすいので、これを金属で作ることも自然な発想である。

しかし、アイデアはあっても、枠木にきちんと収まるだけの縦、横、長さ、各面の精度を備えた金属活字を大量に鋳造するのは、一定レベルの技術を必要とする。例えば、グーテンベルクの『四十二行聖書』は、印刷紙数六百四十一葉、千二百八十二頁、一頁がだいたい四十行余、各行三十五字程度の横二段組で、単純に必要な活字数を計算すると、三百五十万以上になる。もちろん、一度にこの数の活字を揃えたのではなく、印刷紙数の数葉ごとに印刷を行い、その後、組版をくずして組み替えていたことは間違いない。

活字鋳造職人

それにしても相当な数の活字が必要である。かりに常時、印刷紙数一葉である二頁が印刷されていたにすぎないとしても、活字の数は五千五百以上、また、常時六頁とすると、一万六千以上になる。技術的にたちいった説明は省略するが、この金属活字鋳造の困難を克服するのに役立ったのが、精巧な鋳造やヤスリかけに精通していた金属細工職人や宝石細工職人の技術だったという話は納得がいくであろう。グーテンベルクもコステルも、そのような技術をマスターしていた。

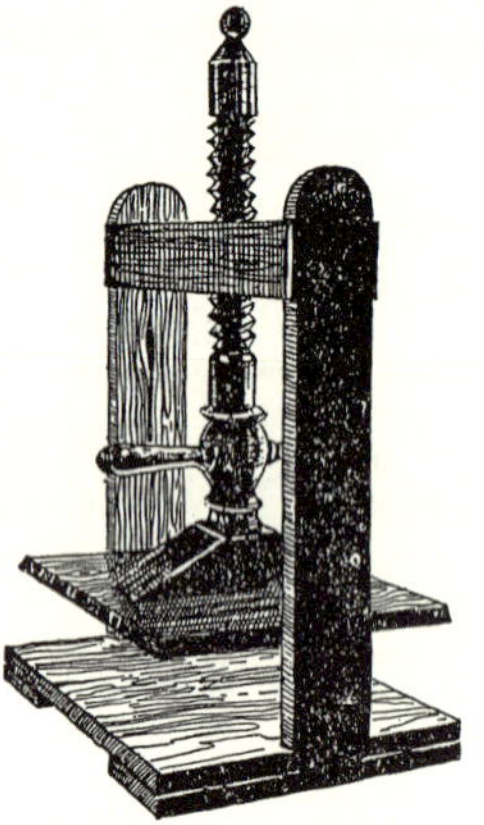
亜麻布圧縮機

(2)活版印刷に使用可能な接合性と乾燥性に優れたインク、つまり、印刷時に流れずこびりつかず、また印刷後も剥《は》げず移らないインクが製造され、供給されるようになった。亜麻仁《あまにゅ》油のワニスに、油煙か在来の黒インクを練りこんだインクである。その技術は、どうやらグーテンベルクの時期より少し早く、十五世紀はじめに確立されたらしい。そのころのオランダの絵画や木版印刷物に、同じ材質の絵の具やインクが使われているという。絵の具を用いる絵師と、グーテンベルクのような金細工師は、教会などの新築や改修のときに、壁画や装飾の仕事に従事する仲間として、互いに技術を交換したり、提供する機会をもっていたと推定できる。さらに、そこに、ステンドグラスなどのガラス製品を合金で接着する「しろめ細工職人」もいたはずだと考えれば、活字とインクはますます連続した技術となってくる。

(3)印刷機の構造は、亜麻布織業の亜麻布圧縮機や、ワイン醸造業のブドウ搾り機をヒントにしているといわれるが、当時、これらの家内産業はかなりポピュラーで、ある程度豊かな世帯の家には普通に見られたというから、これも多くのひとが思いつきそうなアイデアである。亜麻布の原料である亜麻の種子は、当時のインクの成分である亜麻仁油の原料であるので、ひょっとしたら両者の間にもなにか関係があるのかもしれない。また、これらと同じ構造の圧縮機が、当時すでに他の産業、とりわけ活版印刷術の一要素である紙の製造工場で、湿った紙を平らにするのに使われていたという。とすれば、この構造借用は初期の活版印刷業者にとって、なおさら身近なアイデアであっただろう。

金属活字、インク、印刷機の技術はバラバラに向上したのではなく、関係する各種の職人たちの情報交換を踏まえていたのではなかろうか。しかし、その実証は、今後の困難かつ興味深い課題である。

紙が安くなった

(4)現在、活版印刷物が紙製品であることは当然と思われているが、十五世紀中頃は、羊《よう》皮《ひ》紙《し》に印刷されることもまれではなかった。羊皮紙とは、羊の皮をなめしたもので、紙がなかった中世ヨーロッパで長い間使われていた。また、子牛の皮を用いた「犢《とく》皮《ひ》紙《し》」もあった。その伝統もあって、例えば、『四十二行聖書』の六分の一の部数は羊皮紙に印刷されている。もちろん、時とともに紙に印刷されるのが当たり前になっていった。

よく知られているように、紙の製法は中国で確立された。七五一年、唐とアッバース朝

紙製造職人

が衝突した中央アジアのタラス川の戦いで捕虜になった中国人の職人が、イスラム世界に紙の製法を伝え、それがさらに、当時イスラム支配下にあったイベリア半島まわりでヨーロッパ世界に普及したという。その真偽のほどは確かめようがないが、知られているヨーロッパ最初の製紙工場は、一一五〇年にスペインのサティバで設立された。一三九〇年には、ドイツ最初の製紙工場がニュルンベルクにできている。

その後、紙の需要と製造量は確実に増大し、価格は低下していった。エンゲルジングの試算（中川勇治訳『文盲と読書の社会史』思索社、一九八五年）によると、当時のドイツの主要な経済中心地フランクフルト・アム・マインでは、未使用の白紙（大きさや品質は不明だが）の値段は、一三七七年から一四三八年までに一五パーセント低下し、一四三八年から一四七〇年までに三〇パーセント、一四七〇年から一五一三年までに四〇パーセントも安くなったという。この数字を信用するなら、宗教改革前夜といえる一五一三年の紙の値段は、一三七七年の約三分の一に下がったことになる。あるいは、『四十二行聖書』が印刷されたころの紙の値段は、その百年近く前の三分の二に下がったことになる。紙の値段のこの飛躍的低下は、安くなったから活版印刷に用いられたことと、紙が印刷や携行に適していたこととの相乗作用であろう。一方、羊皮紙の値段は相変わらず安くなかった。値段はわからないが、二百頁の本を作るためには、二十五頭の羊が必要だという極端な算定もある。そうすると、一頭で八頁（四葉）しかできない。

活版印刷物の飛躍的増大

発明や大きな技術改良があっても、それが社会的に意味をもつのは、世の中に普及してからである。活版印刷物は十五世紀中にも出回ったが、本当の意味で普及したのは、つまり民衆の間にも普及したのは、十六世紀になって、宗教改革派がこの新メディアを思想宣伝に利用しはじめてからであった。

この時期の印刷文献の増加事実を示すデータを、多くの歴史家が提示している。いくらか煩瑣《はんさ》になるが、せっかくの定量データであるから、主なものを紹介しよう。

シンガーはヨーロッパ全体について、「コンスタンティノポリスが陥落した一四五三年に生まれた人は、彼が五十歳のとき［つまり一五〇三年］には、生まれてこのかた八百万冊の本が印刷されたのを見ることができた。この数は、おそらく［古代ローマ帝国の］コンスタンティヌス大帝がこの都市を都とした三三〇年以後、ヨーロッパのすべての写字生が筆記した書写本の数より多かったであろう」と書いている。

スクリブナーは、ドイツで出版されるドイツ語書籍について、十五世紀の終わりから十六世紀はじめごろまでは、年間平均で約四十種程度であったが、一五一七年にルターが『九十五ヵ条論題』を発表して宗教改革がはじまった後、一五一九年には百十一種、一五二三年には四百九十八種になったという数字をあげている。ほかにも彼は、一五一八年から二六年までに出版されたドイツ語文献が、一五〇一年から一七年までの出版量の約三倍になっていること、一五一九年の出版物の三分の一、一五二三年の出版物の五分の二がルターの著作であること、一五二三年の四百九十八種の出版物のうち、四百十八種が宗教改革に関する内容であったこと――なども記している。

メラーは、ドイツで、『論題』発表の一五一七年から二〇年末までの間に出版されたルターの著作の総部数を五十万部、その数年後には、ルターとその他の著者による宗教改革関係の著作の出版部数は数百万部にのぼったと書いている。

フラッドは、一五一三年から二三年まで、毎年ドイツで刊行された印刷出版物の種類の数を左頁のようなグラフにしている。それをみると、一五一三年から一七年までは毎年百

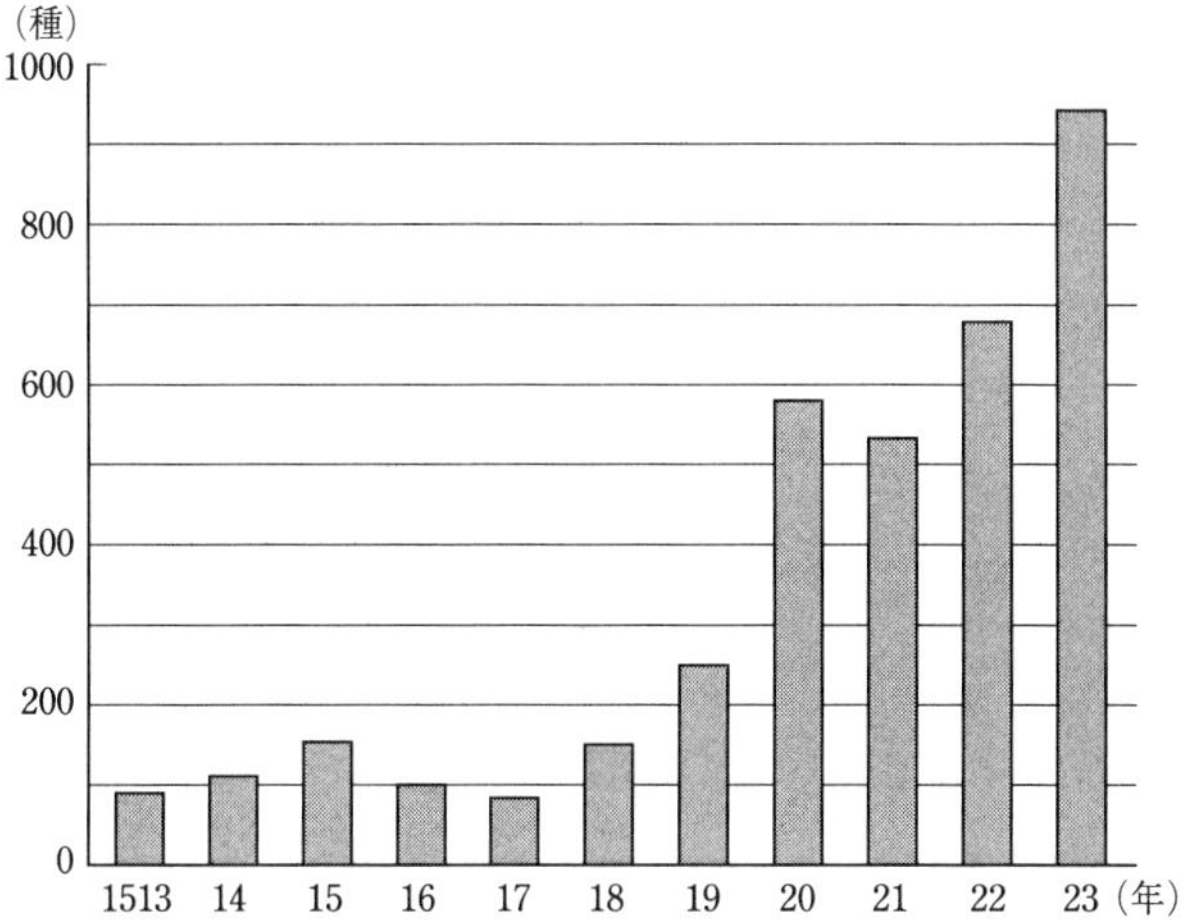

16世紀初頭のドイツの印刷物の種類数（フラッドの見積りから）

種前後であるが、一八年が百五十種ほど、一九年が二百五十種ほど、二〇年から二二年が毎年六百種前後、二三年が九百五十種ほどとなっている。

ディケンズによると、ドイツにおける出版書の種類は、宗教改革開始直後の一五一八年にはたった百八十種類だったが、一五二〇年までに、それまでの年次のものもあわせて合計五百七十種まで増えたという。さらに、二二年までに同様に六百八十種、二三年までに九百五十五種、二四年までに九百九十種を数えるに至ったとする。

これらのデータは、その年次や項目の基準がばらばらである。また、研究者ごとにデータの史料的な根拠があるのだろうが、それらはほとんど示されていない。ドイツを含めてヨーロッパの各都市は、整備された図書館や文書館を持っているので、そこに出入りしてデータを集めたと考えられる。また、十九世紀末以来、現存する当時の書籍類の一覧表を作成する作業も複数が進行している。

いずれにせよ、極端に異なるデータはないので、それぞれに一定の信憑性があるとして最大公約数的にまとめれば、次のようになるだろう。出版された書籍の種類と部数は、活版印刷術が確立した十五世紀の中ごろ以降、上昇カーブを描きはじめ、一五一七年の宗教改革の開始以後、そのカーブはさらに一回りも二回りも急峻なものとなった、と。その原因は、これから述べるように、宗教改革運動にあった。

第三章　書物の増大と識字率

悪魔と手を結ぶローマ法王

本があっても字が読めない

印刷された文書は増大したが、実は、当時は字が読めないひとが大部分であった。聖職者や、学芸に関心がある一部の貴族は字が読めたし、書けたが、貴族層のおそらく半数近く、そして民衆の大多数は文字と無縁の生活をおくっていた。しかし、宗教改革運動の結果、読み書きができるひとの数がかなり増大することになる。

社会のなかで読み書きができるひとの割合をあらわす数字が識字率である。宗教改革前後の時期の識字率について、いくつかのデータや言及があるので紹介しておこう。

エンゲルジングは、宗教改革開始の前後である十六世紀はじめのドイツの識字率は、三から四パーセント、都市に限定すれば五パーセント程度であったが、十六世紀中にこの数字は大きく増大したとしている。たとえば、『九十五ヵ条論題』発表から八十年あまりを経た一六〇〇年頃のハンブルクでは、書物や楽譜を購入するひとびとが四千人に達したという。それは、市の人口の一〇パーセントにあたる。とすれば、その家族や、字が読めても本を買わないひとを含めると、数十パーセントのひとが字を知っていたことになりそうである。

スクリブナーは、十六世紀前半ドイツの識字率を、都市部で一〇から三〇パーセント、しかし、農村部も含めると五パーセントを超えなかったと推定する。また、地域差があって、古くから発展していた西南ドイツでは識字率が高く、新興の東北ドイツでは低い傾向があるともいう。例えば、識字率を知る目安となりうる「学校」の数に地域差がある。西南ドイツのヴュルテンベルク公領邦では、一五二〇年代の段階で、都市の半数は学校をもっていたこと、合計八十九の学校があったことなどが知られている。一方、北東ドイツのザクセン選帝侯領邦には「ほんの一握り」の学校数しかなかった。

フラッドは、十六世紀のニュルンベルクでは市民の半数が読み書きができた可能性があると言う。しかし、それは、ひとりの先行研究者がそのように書いていることや、十六世紀中頃の当地のマイスタージンガー(音楽家でもある職人の親方)であったボルツマンの歌に、「読み書きができない奴、そいつは半人前だ」という句があることなどを受けての数値である。フラッドは、それを史料からの「分別ある評価」としているが、どうだろうか。

また、チポラ(佐田玄治訳『読み書きの社会史』御茶の水書房、一九八三年)は、西ヨーロッパ全体についてであるが、活版印刷術の普及と宗教改革運動の結果として、十六世紀に識字率は急激に上昇し、世紀の終わりには、都市部で五〇パーセント近くになったという見解を示している。当時のドイツは、書籍の普及、教育体制の充実の面でヨーロッパの先進地域であったから、この数字はドイツにも当てはまることになろう。

近代以降の日本は、識字率がほぼ一〇〇パーセントの社会であり、実際、たいていのひとが何らかの文字文献を読むことができたし、最低限に必要なことは作文して書くことができた。しかし、ヨーロッパ社会はごく最近まで、「読み書きができないひとがいても不思議ではない」社会であった。チポラによれば、一九〇〇年頃、プロイセン・ドイツの識字率は八八パーセント、オーストリアは七七パーセント、フランスは八二パーセント、イタリアは五二パーセントである。さらに、ヨーロッパ諸国の判定基準はかなり甘く、自分の名前が読みとれ、書けるだけでも「読み書きができるひと」に数えられることがあった。したがって、上述の十六世紀ドイツの識字率の数字も、我々の基準からすると、いくらか割り引いて考えなければならない。とりあえず諸研究者のデータに基づいて、「十六世紀初頭に読み書きができるひとは五パーセント以下だったが、その世紀の終わりになると、都市部では三〇から五〇パーセント近くまで上昇した」としておきたい。

桃太郎侍の「集団読書」と同じ

文字の印刷物が飛躍的に増大しても、読めるひとがいなければ、それは宝の持ちぐされである。識字率の低さを補うために、とりわけ宗教改革派が採用したのが、「集団読書」と漫画風のさし絵がはいった文献であった。

「集団読書」とは、今ひとつわかりにくいタームであるが、要するに、字が読めるひとりが、読めないひとびとの前で音読して聞かせる読書形式のことである。これなら、字が読めないひとも書物の内容を知ることができる。この形式は、当時のドイツにかぎらず、識字率の低い社会でしばしば行われてきた。

例えば、テレビのちょんまげ時代劇の一場面を思い浮かべていただきたい。いささか古いが、「桃太郎侍」は好例である。長屋の町人、八五郎（とでもしておこうか）が街を歩いていると、瓦版屋が「さあさあ、大事件だ。大変だ。大江戸をゆるがす大事件だ。この事件を知らずして、江戸っ子とはいえないよ。さあさあ、どんな大事件かはこの瓦版に詳しく書いてある。買った買った！」と叫んでいる。これは大変だと思いこんだ八五郎は、買ったか拾ったかわからないが、とにかくその瓦版を一部手に入れた。けれども実は、彼は字が読めないので、何が大事件やらとんとわからない。やむなく、同じ長屋に住む浪人、桃太郎侍のところに瓦版を持ち込むことになる。そこで、字が読める桃太郎侍が悠揚と登場して、集まってきた長屋の面々を前に、おもむろに瓦版を音読してやることになる。桃太郎侍をはじめとして、「暴れん坊将軍」の徳田新之助、「遠山の金さん」など、同様のキャラクターは少なくない。

宗教改革期のドイツで「桃太郎侍」の役割を果たしたのは、宗教改革派の牧師や説教師、そして、世俗のアジテーターであった。彼らは民衆に、宗教改革派のパンフレットを名調子で読み聞かせるとともに、それに自らの注釈をつけ加えた。こうして、宗教改革思想は民衆の中にはいりこんでいったという。

しかし、「集団読書」が行われたとしても、それは当時としてはよくあることで、「事件」ではないから誰も記録には残さない。したがって、「集団読書」を示す史料は数少ないが、それでもいくつかを同時代の文献の中に見つけることができる。一五二四年、エラスムス・ヴィスバーガーという男が、ニュルンベルク市の中央広場で、宗教改革の急進過激派であったカールシュタットの著作を大声で読み上げた廉《かど》で市当局に逮捕された。それは、この男が街中で「集団読書」を試みたことを意味している。また、一五六〇年代、ティロル地方のキルヒベルクという村では、説教師のシュタインベルガーが宗教改革派の本を朗読するのを聴くために、多くのひとが集まってきたが、建物内に入りきれず、六十人以上が屋外で聞き耳を立てていたという。

宗教改革派は、「集団読書」を戦略として位置づけていたようである。一五二〇年頃に刊行された宗教改革派のあるパンフレットには、「もし反キリストについて知りたいと思うなら、字が読める仲間のところに行き、［新約聖書にある］聖パウロの書簡を読んでもらいなさい」ということが書いてある。これも、二人の間だけかもしれないが、「集団読書」

の一類型であろう。また、別のあるパンフレットには、「自分で読むことができないなら、貧しい学生に読んでもらいなさい。彼は、一日に必要なパンと交換に、あなたのためにそれを読んでくれるでしょう」と記されている。もっとも、これらの記述は、文字が読めないひとへのアドヴァイスを文字で書いたという矛盾を抱えている。この部分の伝達も読み上げ役に期待したのであろうか。

絵入りの冊子なら見当がつく

識字率の低い社会にあって、宗教改革派は自らの思想を広めるために、また別の手段にも目をつけた。絵と字の両方からなる木版画や銅版画の使用である。むしろ、絵入りの文書を「集団読書」のテキストとすることで、相乗効果をねらった。これは、一種の紙芝居のようなもので(もっとも近年では紙芝居そのものが歴史概念化しているが)、文字の音読と絵の組み合わせは、「読者」にとって、どちらか一方だけよりずっとわかりやすいものとなった。そして、宗教改革を広めようとするひとびとにとっても、ずっと効果的かつ効率的であった。

木版画と銅版画も、活版印刷術ほどではないにしても、ヨーロッパ近世の情報メディアのありかたを変える技術革新であった。エンゲルジングによれば、(宗教改革時代と同レベルの技術水準にある）現存する最古の木版画は一四二三年のもので、その技術確立は一三九〇年から一四〇〇年までの間になしとげられたという。また、最古の銅版画として知られるものは一四四六年作成で、その技術確立は、おそらく活版印刷術のそれの後だという。しかしこれらについても、活版印刷術と同様に、確立の時期や確立者をつきとめることは、元々無理があるように思われる。どうやら、活版印刷術の確立と相前後して、これらの技術も確立されたことは確かであろう。そして、やはり宗教改革期に、その出版量も飛躍的に増大したようである。

木版画がたくさん出回った

現存する量からして、銅版画より木版画の方がかなり多かったのは間違いない。また、制作に必要な施設や道具の事情を想像しても、そのことはうなずける。しかし、当時どのぐらいの数の木版画や銅版画が出回っていたかについては、研究データがほとんどない。それについては、歴史学の従来のスタイルにも責任がある。伝統的な考え方によれば、歴史学はもっぱら文字史料に基づくべき学問であり、図像史料は軽視される傾向が強かったせいである。

それでも、スクリブナーは木版画について、次のような推定を行っている。ある年代記によると、当時、ベストセラーであった書籍はおそらく延べ出版部数二万を数えたと思われるが、巡礼の御札《おふだ》はたった一日で同じ数が売れていたという。巡礼の御札とは、各地の聖地を訪れたひとびとが、今後のお守りや巡礼の記念として買い求めた、紙や金属でできた小さな札で、それにはしばしば聖母マリアや様々な聖人の像が描かれていた。一日で二万個とは驚異的な売り上げだが、必ずしも誇張ではないらしい。

別の記録によると、レーゲンスブルクでは、一五一九年から二〇年にかけての一年間に、銅製の御札が一万八百十三個、銀製の御札が一千七百九十九個、あわせて一万二千六百十二個も売れたという。また、銅製の御札と銀製の御札をあわせてであるが、一五二〇年には二万二千百個、二一年には一万七千八百五十七個も売れた。そうであれば、紙でできたずっと安い御札は、金属製のものより沢山売れたはずである。そこから、さらに需要の大きさと生産可能個数を考えると、紙製の御札に近い数の木版画が出回っていたとしても不思議ではないという。

「うるわしのマリア」の御礼

これらの数字は、決して特殊な例ではないようである。たとえば、巡礼に関するハウザーの研究によれば、スイスのチューリヒから遠くない巡礼地アインジーデルンでは、一四六六年の大祝祭日のために、たった二週間で、紙製と金属製とをあわせて十三万個もの御札が作られたという。

もっとも、大判の木版画の場合、一つの原画の木版で印刷できるのはせいぜい三百五十から五百部ほどであったという説がある。しかし、ライプツィヒ市当局は一五二二年、カトリックの論客ヒエロニムス・エムザーを攻撃した同一版木の宗教改革派パンフレットを千五百部も回収したという記録があり、また、一つの原画木版が、しばしばある印刷業者から別の印刷業者に譲り渡されていたことも知られている。その場合は、一つの原画木版で、三千から四千部を印刷することが可能だったと考えられる。それは、一つの組版で印刷される書物の平均出版部数とされる一千部の数倍である。活版印刷物以上の数の木版画が、当時のドイツに出回っていたのは疑えないであろう。

みんなが知っている記号を使え

宗教改革派は、文字の書物を流布《るふ》させるだけでなく、「絵入りの印刷物」と「集団読書」を利用しながら、自分たちの思想の民衆宣伝を行った。彼らのパンフレット印刷物にしばしば見いだされるのが、風刺漫画風の絵である。それらに多いのは、だいたい、ローマ法王をはじめとして、宗教改革派からみれば「堕落して悪事を繰り返している」ローマ・カトリック教会の聖職者たちを批判する絵と、教会の改革に立ち上がったルターとその仲間たちを称賛する絵である。そのとき彼らは、宣伝活動をさらに効果的に進めるために、誰もが容易に理解できる記号を組み入れた図像を盛んに使った。

そのような研究の先駆者であるスクリブナーを手がかりとしながら、少し具体的に当時の木版画をみてみよう。図1から図7は、いずれもローマ法王を描いている。法王は、宗教改革派にとって最大の敵であるカトリック教会の長であるから、しばしば木版画に登場する。興味深いのは、図像につけ加えられた「記号」によって、その図像がローマ法王を示しているのが一目でわかるようになっていることである。法王の記号は「三重の王冠」である。中世以来ローマ法王は、通常の王冠をかぶる世俗の皇帝や諸王より一段も二段も上位にある存在という意味で、三重の王冠がそのシンボルとして使われていた。

図1　三重の王冠をかぶったローマ法王

図1は、その衣装やしぐさから、カトリック教会の高位聖職者であることが推察されるし、絵全体の意図をくみ取ったり、説明文を読めば、ローマ法王であることがわかる。し

かしその前に、人物がかぶっている三重の王冠が、単純明快に彼が法王であることを示している。そして法王は、堕落した悪人の聖職者であることを示唆するために、悪魔や怪物の姿に描かれたり、おろかであることを印象づけるために、動物の姿に描かれることも多かった。図2は、鎧《よろい》に身をかため剣をふりかざす凶暴な悪魔的戦士の姿の法王、図3は、毛むくじゃらで長いしっぽをもつ悪魔的怪物の姿の法王、図4は、いささか滑稽な調子で描かれた二股の熊手をもつ悪魔の姿の法王（二股の熊手は悪魔の持ち物である）で、「われは法王なり」というラテン語のせりふがはいっている。

図5は、居丈高《いたけだか》なライオンの姿の法王であり、「ローマ法王レオ・反キリスト」という文字が読める。レオは、ルターが『九十五ヵ条論題』を発表したときの法王レオ十世である。法王を悪い権力者として描くときに一般的なのは狼の姿であるが、時の法王の名がライオンを意味するレオだったので、こうなったのであろう。

また、反キリストとは、中世以来のキリスト教的民間伝承にしばしば登場する悪魔の親玉で、この世の終末のころに現世に現れ、悪行のかぎりを尽くすことになっている。図5の木版画は、これまでキリスト教会の尊敬すべき代表者あるいは模範とすべきキリスト教信者と考えられてきたローマ法王が、実は、悪魔の親玉の「反キリスト」だということを示している。

図４　二股の熊手をもつ悪魔の姿のローマ法王

図２　凶暴な悪魔的戦士の姿のローマ法王

図５　ライオンの姿をした反キリストのローマ法王レオ10世

図３　毛むくじゃらで長いしっぽをもつ悪魔の姿のローマ法王

図6　狼の姿をした反キリストのローマ法王

図7　バグパイプを吹くロバの姿のローマ法王

図6は、狼の姿をした反キリストのローマ法王である。

図7では、ロバの姿をしたローマ法王がバグパイプを吹いている。『論題』の発表後しばらくして、ルターは「法王や枢機卿たちがルター問題を解決するにふさわしくないことは、ロバが竪琴《たてごと》を弾くのと同様だ」と発言した。竪琴ではなくバグパイプであり、また、ロバには失礼であるが、このルター発言を受けての風刺木版画である。これらの怪物や動物は、それだけでは誰を指すのかわかりにくいが、どの図像も三重の王冠を戴いているので法王であることが一目瞭然であり、同時に、なぜ法王がこんな姿で描かれているのだろうかという関心を読者に喚起することにもなる。

法王が「反キリスト」とはけしからん

ベイントンは、三重の王冠の記号性が引きおこした興味深い事件を紹介している。図8、図9、図10は、ルターがドイツ語に翻訳した新約聖書の挿し絵である。図8は、一五二二年九月刊行の初版の挿し絵で、新約聖書のヨハネ黙示録第十二章に登場する「七つの頭と十の角をもつ赤い竜にまたがった女性の反キリスト（＝悪魔の親玉）」を描いている。しかし、彼女は三重の王冠をかぶっているので、この絵には、法王が反キリストであるというメッセージもこめられている。

図8　1522年9月版新約聖書のさし絵（法王を示す三重の王冠をかぶった反キリスト）

この新約聖書が出版されると、ザクセン公ゲオルクという君主から強い抗議が行われた。ルターが住んでいたのはザクセン選帝侯領邦で、その君主フリードリヒはルターと宗教改革を保護したが、彼の親戚筋にザクセン公ゲオルクというひとがいて、自分の領邦をかまえており、こちらはローマ・カトリック教会の熱心な支持者であった。結局、親族でもあるゲオルクの抗議を無視することができなくなった

図9　1522年12月版新約聖書のさし絵（三重の王冠が一重になっている）

図10　1534年版新約聖書のさし絵（三重の王冠が復活している）

フリードリヒの要請で、一五二二年十二月の第二版では、法王は反キリストという示唆を取り下げるために、三重の王冠が、単なる一重の王冠にとりかえられた。それが図9である。もっとも、それから十一年後、フリードリヒも世を去り、そして宗教改革が確立の段階にはいった一五三四年の版では、（版木とデザインが新しくなっているが）三重の王冠が復活している。やはり、法王は反キリストだということである。図10がそれである。

ルターの頭上に鳩が飛ぶ意味

一方、宗教改革者ルターにも、同様の「記号」があった。ただし、元は一介の修道士にすぎなかったルターに伝統的な記号などあるわけがないので、宗教改革派のひとびとが、次々と彼の記号を作り上げていくことになる。すなわち、宗教改革派の書籍やパンフレットに出てくるルターの肖像画には、改革の進展とともに、より偉大な人物を表す記号（や舞台装置）が与えられていく。やはり、スクリブナーを手がかりとして、いくつかのルター肖像画を見ていこう。

当初のルターの記号は、「修道士の服と剃髪」と「博士の帽子とガウン」、そして「聖書」である。実際、一五一七年に『九十五ヵ条論題』を発表したとき、ルターは修道士であった。ただ、第七章に述べるように、彼は、修道士制度は神の意思に反するという考えからまもなく修道士をやめてしまうが、その服装は気に入っていたらしく、なかなかやめようとしなかった。ある文献によると、やっと修道士服を脱いだのは、『論題』発表から七年後のことであった。

図11　剃髪と修道士服のルター

図11は、一五二〇年に描かれたルター像で、頭からかぶる形のゆったりした修道士服を身につけている。また、頭の周囲の毛髪だけを残しててっぺんを剃る剃髪は、トンサーと呼ばれる修道士固有のヘアースタイルである。中世以来、修道士は民衆にとって、神に生活のすべてを捧げる人格すぐれた尊敬の対象であった。修道士服と剃髪は、ルターが実際に修道士であったことを示すとともに、信仰にあ

つく、まじめで信頼するに足る人物であることを宣伝するのに効果的であった。

図12は、一五二一年の作品で、博士の帽子とガウンをまとっている。ルターは修道士であるだけでなく、神学博士、さらにヴィッテンベルク大学の教授であった。今日とは異なり、博士や教授は偉大な英知の持ち主であるとひとびとが素朴に信じていたこの時代に、「博士の帽子とガウン」は、「ルター思想は真理である」という評判を形成するのに役立った。

同じく一五二一年の制作である図13では、ルターが聖書を手にしている。詳しいことは省略しなければならないが、聖書は、ルターがローマ法王に代わるキリスト教会の権威として提示した宗教改革思想の最高の典拠である。「信仰のみ」とともに「聖書のみ」という言葉は、ルター神学の核心をあらわしている。また、この絵では、ルターの背後にアーチ状の枠が描かれている。美術史家がニッチュ（壁龕《へきがん》）と呼ぶこの枠は、いうまでもなく額縁の役割を果たしている。ルターは、その肖像が額縁に入れられるほどに偉大な人物だ、というメッセージである。

そうするうちに、ルターは単なる偉人ではなく、神も認める真理のひとだという記号が加えられる。図14は、一五二〇年中の作とされるが、中世以来の慣行で聖霊をあらわすといわれていた「鳩」がルターの上方を飛んでいる。聖霊とは、神が特定のひとに与える真

図14　鳩を伴ったルター

図12　博士の帽子とガウンを着たルター

図15　鳩とニンバスを伴うルター

図13　聖書を手にニッチュの中に描かれたルター

図16　修道士服も剃髪もない晩年のルター

図17　死去の際のスケッチ

理の啓示とでもいうべき存在である。したがってこの絵は、ルターには神が使わした聖霊、真理が伴っている、つまり、ルターには神の恩寵《おんちょう》と加護が与えられていると主張している。さらに、聖霊をあらわす鳩は、教父と称される特定の偉大な聖人たち、なかでも中世キリスト教会の確立者とされるローマ法王グレゴリウス一世の肖像だけに用いられるのが、それまでのならわしであった。ルターは、そのグレゴリウスと並ぶキリスト教の偉大な貢献者として位置づけられている。

極めつけは、ニンバス（光背）と呼ばれる後光である。一五二二年ごろの作とされる図15は、そのもっとも早い例であろうと考えられる。ルターは後光がさす存在になってしまった。

なお、宗教改革派の宣伝文書と関係ないが、図16は、ルターがすでに功なり名を遂げた後の死の一年前、一五四五年のある肖像画、図17は、翌年の死去の際のスケッチである。図11から15で見てきた一五二〇年前後の、どちらかといえば痩身《そうしん》で、強固な意志を感じさせる若々しい目つきと代わって、壮年の肉付きのよさと物わかりのよさそうな表情が印象的である。

ルターはヘラクレスか

もう一つ、宗教改革初期のルターの肖像画をあげておきたい。

図18　ヘラクレスの姿のルター（小ホルバイン作、1523年）

宗教改革派のパンフレットの場合、もちろんルターが怪物や動物の姿で描かれることはない。図18は、ルターをギリシア神話の英雄ヘラクレスの姿で描いている小ホルバインの有名な木版画である。表題に「ドイツのヘラクレス」と書いてあるが、それを読まずとも、伝統的に、棍棒をもった屈強の大男はヘラクレスの記号として広く知られていた。しかし、この木版画では、そのヘラクレスが修道士の剃髪と装束の姿であるため、ルターをあらわしていることがわかる。ルターは、ヘラクレスのように、教会に巣くう悪者や怪物をやっつけてくれるというわけである。打ち負かされているのは、三重の王冠をかぶったローマ法王（少しわかりづらいが、ルター・ヘラクレスの胸元）をはじめ、中世以来、ローマ・カトリック教会を担ってきた神学者たちである。彼らのなかには、さすがに記号が確立していないひとびともあるので、名札がついていて、トマス・アクィナス、ドン・スコトゥス、ウィリアム・オッカムなどの名前を読みとることができる。また、スコラ神学の基礎を築いた古代ギリシアのアリストテレスの名札もある。

第四章　文字をあやつる階層と文字に無縁な階層

本を筆写する修道士

民衆は文字を読んではならない

宗教改革派はすばやく活版印刷術の利用価値を見抜いた。彼らは思想宣伝のために、安価、大量の活版印刷物を流布させて成功を収めた。しかし、一方のローマ・カトリック教会はどうかというと、これに消極的であったために遅れをとってしまった。彼らが消極的であったのは、民衆が文字文献を使用することを否定する中世ヨーロッパの文化的伝統に縛られていたせいである。伝統的な考え方によれば、文字を読むのは知識人階層だけで、信仰のことがらをはじめとして、民衆は、知識と権威のあるひとから口述で知識を得るべきとされていた。

中世のはじめ以来、学問をするときの言語は、古代ローマ帝国の言語であったラテン語ということになっていた。そのため文献は、まず間違いなく、どれもラテン語で書かれていた。したがって、ラテン語が読めないかぎり、学問世界にはいりこむことは不可能であった。ラテン語の使用は、日常生活の言語が地域や国ごとに異なる西ヨーロッパ世界に共通の文化を成立させるというメリットを生んだが、一方で、ラテン語が読める知識人階層とそうでない階層との間に、自ずと、学問や文化に関するはっきりした境界線を成立させることになった。

想像のアナロジーとして、かりに現代の日本で、書籍、雑誌、新聞など、文字文化はすべて英語を用いることになったとでも考えていただきたい。一定の教育を受けて英語に不自由しないひとびとは、文字文化に親しむことができるが、英語を全然知らないひとやあまり得意でないひとびとは、必然的に文字とは無縁の生活を送ることになるだろう。もちろん、現代の日本人はだれもが中学校で英語の手ほどきをうけているので、少しは英語ができるし、また、一念発起して英語力を高めることも可能であるが、中世ヨーロッパでは、一般のひとびとがラテン語を学ぶ機会はほとんどなかった。また、現代の我々には、テレビなどの視聴覚機器によって、文字に頼らずに必要な情報や知識をふんだんに収集することもできるが、中世にはそんなものはなかった。

村のお坊さんはラテン語が読めない

もっとも、現実の境界線にはいささかあいまいなところもあった。知識人階層とそうでない階層を教会制度にあてはめてみると、境界線は、いちおう聖職者と一般信徒との間に引かれていた。しかし、聖職者といっても様々であった。高位聖職者の大部分は知識人階層の名に恥じないとしても、一般信徒と直接に接して暮らす農村や都市の司祭たちのラテン語知識は、はなはだ頼りないことが多かったようである。彼らは、ミサなどの教会の儀式のなかでラテン語を用いたが、それは、かつての日本の農村住職のお経と同じで、かなりあやしげな丸暗記の朗読であったという。もっとも、聞いている民衆はまるでラテン語がわからないのだから、さしあたりはそれで何の問題もなかった。

しかし、宗教改革が進展すると、宗教改革派は、改革の一環として町や村の教区聖職者の能力を調査しはじめ、やがてカトリック教会もそれに続いた。教会巡察報告書といわれるそのような調査文書は、カトリックのものも宗教改革派のものも、教区聖職者の生活条件の劣悪さや、司祭や牧師（通常、町や村にある普通の教会の聖職者の筆頭を、カトリックは司祭と呼び、宗教改革派は牧師と呼んでいる）としての評判とともに、必ずといってよいほど、彼らのラテン語能力の不足を指摘している。例えば、一五四五年のザクセンの教会巡察報告によれば、クラインチョッヒャーという村の牧師は、モーセの十戒をラテン語で言うことができず、ドイツ語で、しかも極めて不完全にしか唱えることができなかった。また、ペオスドルフ村の牧師は全く無能であり、キリスト教教義のどの部分をとっても確

1500年ごろのミサ（立っているのが司祭）

実なことを知らなかったという。彼の知識不足の原因のひとつが、ラテン語能力の不足にあったことは間違いなかろう。

メインカルチャーとサブカルチャー

現実の境界線はあまりシャープではないにしても、このような二層構造の文化伝統と結びついて、カトリック教会には中世から、聖書をはじめとする教会の書物から教えや啓示を得るのは聖職者だけであり、一般信徒はもっぱら聖職者から口述で教えを授からねばならないという決まりがあった。例えば、一般信徒は、聖書の教えを聖職者から口頭で聞き学ぶべきで、自ら聖書を読む必要はない、あるいは、読んではならないとされていた。ラテン語で書かれた聖書は、聖職者たちが占有する門外不出の聖典であり、それを各地域の言葉に翻訳することは固く禁じられていた。中世の間にもたまに、自ら聖書を読まねば信仰の真理を獲得することはできないという個人的確信から、ラテン語の聖書を自分たちの日常の言語に翻訳する試みも行われたが、そのような行為をするひとびとは異端として弾劾された。ワルド派、フミリアーティなどの主要な中世異端の違反容疑項目には、しばしば聖書の翻訳行為が含まれている。

このような教会規則と前述の文字文化のあり方は、にわとりとたまごの関係と同じで、もはやどちらが先かは判定しがたい。いずれにせよ、そのような文字をめぐる階層分化ができあがっていた社会では、文化そのものが二層構造をもっていたことになる。バーク（中村賢二郎他訳『ヨーロッパの民衆文化』人文書院、一九八八年）は、文化人類学者レッドフィールドの定義を踏まえて、中世ヨーロッパで、文字、とくにラテン語の読み書きによって情報や知識を伝達するひとびとの文化を「大伝統」、口述や図像やしぐさなど、文字以外の行為を伝達手段とするひとびとの文化を「小伝統」と呼んでいる。また、前者と後者を、それぞれ「メインカルチャー」と「サブカルチャー」、「エリート文化」と「民衆文化」と呼ぶこともある。また、文字文化の担い手が主として聖職者階層であったことから、「聖界文化」と「世俗文化」という対比表現を使うこともある。

カトリック教会は活字宣伝文書に消極的

このような社会では、文字そして書物が、知識人階層、とりわけ聖職者階層の独占的所有物となっている現実を当たり前とする固定観念が成立する。そのとき、活版印刷術の確立によって、同じ内容の文字文献を安価、大量に作成できる状況になっても、この固定観念があるかぎりは、印刷術を利用して一般民衆にも文字文化を広めようという発想は生まれにくい。また、文字を利用して民衆の信仰教化、あるいは教育を促進しようという発想

『グーテンベルク聖書』(グーテンベルク作と伝えられるが未確定)

も生まれにくい。

事実、グーテンベルク以後、宗教改革がはじまる前までの半世紀あまりの期間に出版された書物のほとんどは、この伝統に基づいて、エリート階層に向けた少量出版の豪華な作品であって、民衆向けの安価な大量部数の書物は数少なかった。第二章で述べた『四十二行聖書』は、その例である。金粉や色インキの装飾文字を多用したこの豪華本は、はじめ二百部印刷されたというが、二百という数字は当時としても僅少であり、民衆的とは言いがたい。また、出版構想の基礎にあるのは、これまで修道士の写本作業に頼っていた本の生産を、少しだけ能率的かつ高品質にしようという意図だけで、書物や文字文化のあり方そのものを変えようとする意図は認められない。

宗教改革派が活版印刷物を利用した宣伝活動によって大きな成果を収めはじめてから後の時期についても、カトリック教会は、同じメディアを用いて宗教改革派に対抗することに消極的であった。カトリック側の印刷出版物は、相変わらず、豪華、美麗の芸術的装丁をまとった分厚い作品であり、それらは本としての本来の機能をもつとともに、調度品でもあり、また、ときには投機の対象にもなった。内容も、ラテン語の聖書、辞書、古代ギリシア・ローマの古典などが大部分を占めている。

一方、これまで述べてきたように、宗教改革派の出版物は、読者を民衆にも広げようとしていた。彼らの出版物を特徴づけるのは、粗悪な紙と誤植が目立つ粗末な印刷、やっつけ仕事で実用一点張りの装丁、少ない頁数、カトリックへの論争や攻撃を目的とするタイトルなどである。とくに文章は、「集団読書」を想定して対話調あるいは説教調で、口語的な手法である繰り返し表現が多く、俗語や汚い挑発的な言葉も多用されている。

印刷された本は美しくないか

さらに、コールの研究によれば、ローマ・カトリック教会の内部には、民衆に文字を使用させることの否定だけでなく、印刷された文献そのものへの根強い抵抗もあったことがわかっている。宗教改革がはじまって七十年以上を経た一五九〇年代でも、カトリック教会では儀式のときに、手書きで書き写された祈禱書《きとうしょ》が一般に用いられていたという。多くの聖職者が、まだ活版印刷によるテキストを使うことに抵抗感を示したからである。

また、シュポンハイムの修道院長トリテミウスがドーイツの修道院長ゲルラハに宛てた一四九四年のある書簡は、印刷された書物への懐疑的な見解を率直に示している。彼によれば、伝統的に「筆写を仕事とする僧侶がいるのだから印刷術は不必要であり、筆写本の立体的な印象を与える美しさと芸術的なフォルムは、とうてい印刷本のなしうるところでない。また、羊皮紙は紙より五倍も長持ちする」。さらにトリテミウスは、筆写本と筆写僧の仕事をほとんど神聖なものであるとして、ある筆写僧が死んだとき、埋葬されて肉体が朽ちた後も、（ペンを握る）右手の三本の指だけはまだ血が通い続けているかのように生き生きとしていたという伝え聞きのエピソードを紹介している。

　もちろん、カトリックの中にも、反ルターの急先鋒であったコッホレーウス、ムルナー、エックなど、民衆向けの活字パンフレットの効用と必要を認めていたひとびともいたが、彼らはむしろ例外であった。そして、彼らとて、旧来の伝統から完全に脱却していたとは言いがたい。人文主義者エラスムスの友人で、後年ウィーン司教になったファブリは、「われわれも、敵対者たち（宗教改革派）と同様の情報伝達の技術や手段を用いるのにやぶさかではない」とある手紙に書いているが、実際に彼が著したカトリックの宣伝パンフレットは、百頁にも及ぶ（当時の民衆にとっては）長大で、また難解な文体のものであった。コールは、この時期の「カトリックの宣伝パンフレットは、あったとしても、スコラ哲学の論争書よろしく、重厚かつ冗長

15世紀中期の筆写本の一部

で、一般のひとびとが読むわけがない」しろものであったと評している。

他方、宗教改革派は、活字印刷物に抵抗がなかっただけでなく、民衆に対しても、文字の使用を奨励する宣伝を積極的に行った。一五二三年に刊行された『マルティン・ルターの教えについての父と子の対話あるいは議論』という冊子は、その好例である。そこには、宗教改革派になった青年と、カトリックにとどまっている彼の年老いた父が登場し、宗教改革問題について対話を行う。父子ともにある程度の教養がある、すなわち、なんとか字が読めるという設定である。両宗派のどちらの教えが正しいかが本来のテーマであるが、内容は、宗教の真理に到達する方法の違いにも及んでいる。息子は話の途中で、しばしばルターのパンフレットを読むように父にすすめるが、旧来の口述による知識獲得の伝統を自明とする父は読書そのものを拒否する。「信仰についてのことは、耳で聞き、心で覚えるべきである。だから、知っているお前(息子)が話せ」というのが父の返答である。

印刷本になじめない世代

いささかしつこくなるが、カトリック教会は、エリート文化である「大伝統」の第一の担い手であったことから、伝統的思考の枠組みを打ち破ることができずに、民衆への文字による教化や宣伝に否定的であったが、宗教改革派は、常識や固定観念にとらわれることなく、大衆に文字をもたらす活版印刷術を躊躇《ちゅうちょ》なく利用できたことになる。そして彼らは、これまで口述、図像、しぐさなどを情報伝達手段としていた民衆文化である「小伝統」に文字をもちこんで、その性格を変えようとした。実際、宗教改革派の運動の流れのなかで、十六世紀のうちに、信仰に関する民衆向け文献だけでなく、自然科学や職人技術の奥義、あるいは民間伝承など、世俗の民衆文化やその伝統に立つ情報と知識を活字化した出版物も急激に増大したことがわかっている。かつては、それらが文字化されることはまれであった。

ところで、宗教改革の担い手たちは、全体として、カトリック教会の指導者たちよりも世代がひとまわり若かったので、その若さゆえに、新しい情報メディアである活版印刷物を抵抗なく受け入れることができたという解釈がある。『九十五ヵ条論題』の発表から三年を経た一五二〇年の時点で、ルターは三十六歳、彼の協力者メランヒトンが二十三歳、チューリヒの宗教改革者ツヴィングリが三十八歳、シュトラスブルクの宗教改革者ブーツァーが二十九歳、バーゼルの宗教改革者エコランパディウスが三十八歳であった。他方、具体的なデータを欠くが、カトリック教会はすでに数百年間も続く半ば官僚制化した組織であり、枢機卿や各地の司教など、そのヒエラルキーの上位ポストが年配者で占められていたことは間違いない。ただ、カトリックであるにもかかわらず、「文字印刷物の効用」

を見抜いていた先進的人物として前述したコッホレーウスは四十一歳、ムルナーは四十五歳、ファブリは四十一歳、エックは三十四歳で、彼らはさすがに世代的に宗教改革派に近い。

近年、我々の周囲でパソコンやワープロは当たり前の筆記用具となってしまった感があるが、普及の初期には、パソコンでは字を覚えない、ワープロ印字の手紙は心がこもっていないという理由で、断固これらの使用に抵抗を示した世代もあった。反対する理由の当否はともかく、どうやら十六世紀はじめにも、現代と同様に新技術をめぐる世代間断絶があったようである。

第五章　素朴で信仰に篤い民衆

贖宥状販売の様子（16世紀初めごろ）

贖宥状を買えば親孝行できる

ルターが発表した『九十五ヵ条論題』は、「信仰のみ」、つまり「ひとが救われるかどうかは、日ごろの行為によるのではなく、神を信じているかどうかだけによる」という命題の難解な神学的根拠づけであり、しかもラテン語で書かれていたので、民衆が読んで理解することは、はじめから期待されていなかった。民衆も、『論題』発表当時は、ルターの主張が、贖宥状《しょくゆうじょう》の販売で現世的な金儲けをしているカトリック教会とその聖職者たちを批判しているらしいことを人づてに聞くだけで、たとえ喝采をおくったとしても、神学的理解に関心はなかった。彼らにあったのは、信仰への素朴な熱意と、聖職者から蒙《こうむ》る不正への憤りと苦しみであった。それが民衆を宗教改革支持へと駆りたてた主要な理由だったように思われる。

十六世紀の民衆が信仰に向かう態度は、今日、我々が想像する以上に素朴で情熱的だったようである。彼らは、神学理論はおろか、贖宥状が信仰の本質に適《かな》っているのかどうかと自問する発想もほとんどなかったと思われる。そのような実態をかいまみせてくれるのが、宗教改革がはじまる直前、ルターが住んでいたザクセン選帝侯領邦における贖宥状販売と聖遺物拝観についてのいくつかのエピソードである。

ルターの『論題』発表のしばらく前、カトリック教会はドイツで大々的に贖宥状の販売をはじめた。第一章で述べたように、贖宥状とは免罪符とも呼ばれ、罪を赦《ゆる》す承認の文書、つまり、やむを得ぬ事情や怠慢による信仰上の罪や過ちを赦してくれる教会発行の証書である。やむを得ぬ事情はともかく、信者は誰しも、魔がさして小さな悪事をはたらいたり、教会儀式への出席をついつい長い間サボっていたなど、いくつかの信仰上の罪を感じているものである。カトリック教会は、それが集積されると、ひとは死後の一定の期間、煉獄でその罪を償わねばならないと教えていた。しかし同時に、贖宥状を購入すると、その罪は帳消しになり、死後、煉獄の苦しみを味わわずにすむとも教えていた。とりわけ、当時ドイツで販売された贖宥状は、買った当人だけでなく、別のひと、それもすでに死んで、ちょうど今煉獄で苦しんでいるひとにも有効と定められていた。

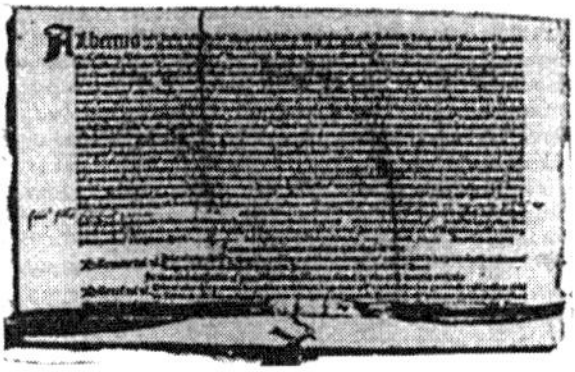
マインツ大司教が発行した贖宥状（1517年）

この規定は、贖宥状の販売実績を飛躍的に伸ばすことになった。例えば、それは親孝行の手段にもなりうる。親孝行したいときには親はなしといわれるが、そのような息子や娘には、親孝行の絶好の機会である。「亡くなった父は、若いときに放蕩生活をしたと聞いているから、今ごろは煉獄で苦しんでいることだろう。しかし、贖宥状を買ってあげれば、父の魂は煉獄から飛び出し、天国に向かってくれるにちがいない」ということになる。

贖宥状は聖遺物のライバル

しかし、贖宥状には以前からライバルがあった。聖遺物である。聖遺物とは、イエス・キリストや聖母マリア、そして使徒や教父を含めた聖人など、キリスト教の成立と発展に功労があったひとびとに関する遺物である。近年、レオナルド・ダ・ヴィンチの（偽）作ではないかと話題になったトリノの聖骸布《せいがいふ》はその例である。これらの聖遺物ひとつひとつは、所有していたり、拝んだりすると、死後の煉獄の苦しみを免れさせてくれる功徳《くどく》の期間が定められていた。そこで、ひとびとは、贖宥状を購入するのと同様に、競って聖遺物の拝観に押しかけることになる。

実は、ルターが住んでいたザクセン選帝侯領邦の当時の君主フリードリヒは、聖遺物の熱心な収集家であった。シュウィーバートによると、選帝侯は収集した聖遺物を、ルターが『九十五ヵ条論題』を貼り出したといわれてきたヴィッテンベルクの城教会に収め、教会の祝日に、これらを一般に公開して評判を得ていた。とくに、『論題』発表の日とされていた十月三十一日は、中世以来、諸聖人祝日という大きなお祝いのイヴにあたり、その

大クラナハの「聖遺物リスト」のページ

日が最大の聖遺物公開日であった。毎年この日には、聖遺物拝観の功徳を求めて、市内だけでなく、近隣近郷から多くのひとびとが城教会に押しかけたという。

当時ザクセン選帝侯に仕えていた高名な画家ルーカス・クラナハは、一五〇七年の段階で城教会に収められていた聖遺物のリストを作成している。それによると、フリードリヒの聖遺物コレクションは総数五千五点で、すべてをあわせると、十二万七千七百三年と百十六日の煉獄の苦しみを免れることができたという。彼の聖遺物収集熱はその後も衰えず、『論題』発表の翌年である一五一八年には、三倍以上に増えて一万七千四百十三点となり、それらを安置するために、城教会の十七の通廊を必要とした。

イエスの骨は千人分もある

イエスが生まれたときに着せられた産着《うぶぎ》の切れはしが一片、イエスが生まれたベツレヘムの厩《うまや》に置かれていた飼い葉桶のわらが数本、イエスの誕生を祝ってやってきた東方の三博士たちが持参した金塊の一かけらと薬種が少し、イエスの髪の毛が数本とあごひげが一より、そして肌着と上着とベルトの切れはしがそれぞれ数片、最後の晩餐のときにイエスが食べ残したパンの一切れ、イエスが架けられた木製十字架の破片が三十五と手に打ち込まれた釘が一本、死後にかけられた血染めの顔覆いの切れはし七片、復活して天に昇るために立った石座の一かけら、聖母マリアの髪の毛が四本と上着の切れはしが三片、そして少しの母乳、洗礼者ヨハネの衣服の切れはし、聖アウグスティヌスの歯が四本、聖ヒエロニムスの歯が一本など、クラナハのリストは、ほとんど荒唐無稽と思われるような品目で埋めつくされている。

フリードリヒの収集品に限らず、当時はヨーロッパの各地にありがたい聖遺物が安置されており、ひとびとの拝観と信仰の対象になっていたが、本物かどうかというと、残念ながらそれらのほぼ百パーセントが偽物だったようである。今日までに知られているヨーロッパ中の「イエスの骨」を集めると、千人以上のイエスを復原することができるという話がある。もっとも仏教では、仏舎利塔に収められた仏陀の骨は、人々が熱心に拝むと増殖するそうであるから、聖遺物の真偽はあまり詮索すべきものではないかもしれない。

城教会の拝観日

注意したいのは、当時のひとびとが、素朴かつ熱心に聖遺物をあがめていたこと、そして、ザクセン選帝侯フリードリヒの聖遺物についていえば、贖宥状が売れると聖遺物の拝観者が減る恐れがあったことである。フリードリヒが拝観料を取ったかどうかは定かでないので、彼の収入の問題はわからないが、少なくとも諸聖人祝日の日に拝観に訪れるひとびとは減少したであろうし、また、敬虔《けいけん》で徳の篤《あつ》い殿様としての彼の評判にも影がさしてくるだろうことは疑えない。

その意味で、ヴィッテンベルク城教会の聖遺物公開行事の日であった諸聖人祝日にあわせて、ルターが『論題』をその城教会の扉に貼り出したという伝承は興味深い。いかなる史料をもってしても、豪放大胆ではあれ、世俗的利害とは全く無縁の敬虔で誠実な修道士かつ神学者というルターのイメージを打ち壊すことはむずかしいようであるから、彼自身は、純粋に信仰の本義を問う目的から『論題』を発表したのだとしてもかまわない。しかし、彼の周辺には、贖宥状販売がザクセン選帝侯の聖遺物拝観に不利益をもたらしかねないという危惧や、郷土の伝統的な教会行事である諸聖人祝日イヴの聖遺物公開を守ろうという使命感を抱いたひとびとがいたであろう。彼らがルターに、『論題』発表の期日と場所の示唆を与えた可能性はないとはいえない。

『論題』の貼り出しが後世の作り話であるとしても、その筋書きが、ルター周辺のこのようなひとびとの意識をふまえているのは確実であろう。

一般論として、贖宥そのものが信仰の本質に適っているのかどうか、あるいは、贖宥はどの程度まで認められるべきかは、結局は宗教者の解釈の問題であり、いかに神学的論議を尽くしたとしても、どの考えが正しいとは言えないように思われる。今日でも、宗教改革派は安易な贖宥に否定的なようだが、カトリック教会は、ルター時代のような贖宥状「販売」はともかく、贖宥そのものは適切と考えている。

例えば、西暦二〇〇〇年は、論理上イエス・キリスト生誕二千年のエポックであり、カトリック教会は、贖宥が可能な年「大聖年」としていた。イタリア在住の知人によれば、この年、ローマ（バチカン市国）に巡礼してしかるべきノルマを果たせば、そのひとは一定の贖宥を受けられるという趣旨の法王勅書が発布されて、実際、ローマの街は世界中からのカトリックの巡礼客で賑わったそうである。そして、それを見越して、日本の旅行業者は日本人のイタリア観光ツアーを縮小したという情報もある。

信仰上の怠慢や違反に関しては、いかなる方法であれ、ひとが十分にその罪をつぐない、また反省すれば、赦されるという制度はあってよいのではなかろうか。

イエス様がどこかに行ってしまわれた

さて、宗教改革の直前のころ、信仰への素朴な熱意に満ちた民衆は、カトリック教会当局の教えに黙々と従いながらも、一方で、ときどきそれと矛盾する感情を抱くことがあった。教会を動かしている聖職者たちがその本分を忘れ、現世的な欲望の虜になっていることに義憤を感じ、また、その被害にあうこともあったからである。

贖宥状販売を批判する木版画

上の図は、贖宥状の販売を批判する一五二〇年の木版画である。そこでは、贖宥状そのものというより、その販売と、それによって金儲けをしているローマ法王が攻撃の対象となっている。場所は教会の中である。左側中段の一段と高い説教壇にいるのが、販売担当の修道士で、ちょうどひとりの信徒に贖宥状を手渡している。右側下段では、教会の職員が贖宥状の代金を受け取っている。その上方では、別の修道士が、おそらくは贖宥状販売に異議を唱える二人の男と口論をしている。また、左側下段の四人の婦人は、購入の順番を待っているのであろうか。

注意すべきは、図の上方である。左側の柱にかけられている旗は、第三章でみた三重の王冠と、二本の鍵をあしらった法王の紋章である。この鍵は、イエス・キリストが初代ローマ法王となる聖ペテロに天国への入り口の鍵を授けたという聖書の記述をふまえており、現在のバチカン市国の国旗にも描かれている。また、右側の旗には、三重の王冠とともに、ときの法王レオ十世の出自であるフィレンツェの大富豪メディチ家の紋章が描かれている。当初、薬種販売業で財を成したメディチ家は、丸薬をあらわす六個の小円を家紋としていた。そして、上段中央は、どの教会にも必ずある十字架のイエス・キリスト像であるが、十字架だけで、イエスはどこかに行ってしまっている。イエスが打ち付けられた手と足の部分の釘のあとが残っているだけである。また、「I・N・R・I」と記入された札と、茨《いばら》の王冠も残されている。聖書によれば、イエスは十字架にかけられる前の取り調べのときに、「私はユダヤの王である」と言ったので、官憲が哀れみと侮蔑をこめて、十字架に「ユダヤの王、ナザレ人のイエス」(Iesus Nazarenus Rex Iudaeorum. ただし、現代ラテン語ではIのかわりにJを用いる)の頭文字「I・N・R・I」の札を掲げ、茨の王冠をかぶらせたことになっている。

ここまで読みとれば、この木版画のメッセージは明らかである。「ローマ・カトリック教会は、メディチ家出身の俗物法王レオ十世のもとで、贖宥状販売という金儲けに熱中している。イエス・キリストは、そのような堕落した教会に愛想をつかして退散してしまった」ということになる。このメッセージの受信は、当時の民衆にとってさほどむずかしいことではなかったであろうし、また、「集団読書」の場であれば説明してもらえるはずである。そして民衆は、日頃からこのメッセージに共感する体験、つまり、聖職者は堕落しているのではないかと疑問に思うような体験をしていたと考えることができる。

娘さんをお預かりしますよ

また、スクリブナーが紹介するのは、愛人を金で手に入れようとしてある農民の娘の家にやってきた悪徳修道士を題材とした一五二三年の風刺木版画である。それぞれの人物にせりふの吹き出しが書きこまれていて、興味深い。

次頁の図をご覧いただきたい。テーブルの左側に座っているのが問題の修道士である。いかにも好色そうな顔つきの彼は、左手で金貨を差し出しながら、右手ですでに娘の手を握っている。「お父上殿、お約束のとおり金策を援助しますから、娘さんをお預かりしますよ」。娘の方もすでに覚悟を決めているのか、もはや抵抗するそぶりはない。ひとによ

悪徳修道士を批判する木版画

っては、彼女の態度に満足感をみてとるかもしれない。「お父さん、私はどういうことかわかっているわ。そうでなければ、修道士様に来てもらったりしません」。

しかし、テーブルの右側に立つ父親は、怒りのあまり腰の剣に手をかけ、気色ばんでいる。彼は借金の返済に困り、一度は娘と引き替えに、修道士に借金の肩代わりをしてもらう話に関心を示したのかもしれない。あるいはそのとき、娘は単なる家事奉公に出るのであり、愛人になるとは思っていなかったのかもしれない。「やい、この坊主め、わしをだましたんだな。わしの娘を連れていこうというのか」。

父親の背後には母親が立っている。「おお、なんと恥知らずなことでしょう。娘のために、神様にお慈悲をお願いしましょう」。面白いのは、母親は泣くそぶりを見せながらも、実はにこやかな表情をしていることである。それは、まずは食べるに困らない娘の将来への安堵と、世の中の現実にうとく頑固一徹で貧乏な夫へのかすかな軽蔑の表情であるように思われる。

もちろん、このような場面が現実に起こったとしたら、娘と母親はもっと悲痛な表情を浮かべたにちがいない。しかし、風刺画はどんな場合もサビを効かさねばならないという使命感から、作者は彼女たちをアンビヴァレントな表情に描いたのであろう。そして、この風刺画が流布された背景には、「民衆の弱みにつけこむ悪徳修道士は少なくない」という観念が民衆の間に定着していた事実が想定される。

第六章　聖画像破壊運動

教会で聖画像を打ちこわす人々

宗教改革の支持者はなにをすべきか

ルターとその仲間たちにとって、宗教改革初期の最重要課題は、彼らの活動に関心と共感を示した民衆を支持者に取りこむことであった。しかし、民衆にいきなり高度な神学理論を説いても、馬の耳に念仏である。

宗教改革の指導者たちは、運動開始後直ちに、神学そのものではなく、神学から演繹《えんえき》されるカトリックと宗教改革派の考え方の違いを、一般のひとびとにも理解可能な形で知らせる思想プロパガンダ活動を開始した。しかし民衆はまもなく、それらのわかりやすい神学説明をさらに単純化してしまった。すなわち彼らは、宗教改革派がとるべき行為や支持すべき行為は何かという発想で、それらを自分たちの頭の中にリストアップしていった。したがって、それらの行為を実践したり、支持することが宗教改革支持者の証《あかし》となり、それらに反対したり、無視しようとする者は宗教改革の敵対者ということになる。そして、そのような行動規範は、誰にもわかる単純明快な党派区分の指標となった。

『九十五ヵ条論題』発表から十年ほどの間、宗教改革支持の行動は、教会内から聖画像を撤去すること、修道士は還俗《げんぞく》すること、聖職者も結婚すること、さらには、教会の聖餐式のときに、パンだけでなくワインも一般信徒に与える二種陪餐《ばいさん》を実行すること、できるかぎり、ラテン語ではなくドイツ語を用いたミサを行うことなどであった。

一五二〇年代の中頃にかけて、宗教改革に共鳴する聖職者のもと、各地の教会で、一般信徒にもパンとワインが授けられた。ドイツ語を原則とする教会儀式も実施されて、それに民衆が関心あるいは共感を示した。また、多くの男女の修道士が還俗した。宗教改革に賛成する民衆は、修道院前の路上で、出てくる修道士たちを歓呼で迎え、脱出が困難を伴う場合には、その援助を行った。結婚を宣言し、実行する聖職者たちを、彼らはやはり喝采し祝福した。そして教会に押し入り、そこにある聖画像を破壊した。

次に、これらの行動のうち、聖画像の破壊、そして、修道士の還俗と聖職者の結婚（次章）について具体的な様子をみてみよう。

聖画像と教会の装飾

聖画像の破壊運動は、宗教改革初期の民衆運動として大きな意味をもっただけでなく、当時における一般のひとびとの信仰観を示す一つの事例としても注目に値する。聖画像とは、教会の内部などに安置されているイエス・キリスト、聖母マリア、聖人たちの像や絵画のことである。キリスト教の教義上、厳密にいうと、そのような画像を置いたり拝んだりしてはいけないことになっていたが、カトリック教会は中世の初期以来、民衆への布教拡大と信仰心向上のために、実践上必要とみなしてこれを容認し、また、ある程度は積極的に促進していた。とりわけ宗教改革前の数十年間、ブームのように民衆の宗教的熱意が高揚し、各地で教会堂の建立や改装とともに、聖画像参詣の巡礼、聖画像の寄進、聖画像のお守り札の購入などが盛んになっていたという。

もちろん、カトリック教会は、民衆のこのような信仰への熱意を歓迎しながらも、それが行き過ぎにならないように注意していた。例えば、それらの行為と神を崇拝することとの違いを明確にすることである。よく知られているように、キリスト教は厳格な一神教である。神への崇拝とは次元が異なり、聖人たちへの同様な行為は、あくまで崇敬あるいは敬愛であるという説明が行われた。しかし、民衆がその相違をどの程度まで自覚していたかはやはり疑問である。

聖画像はいらない

そのようなとき、宗教改革派は聖画像に断固異議を唱え、その撤去を求めた。背景には、彼らがもつキリスト教の原点復帰への意図もあったが、論点はむしろ、カトリックと宗教改革派の信仰観の相違に由来すると考える方がわかりやすい。

カトリック教会は、一般信徒は神と直接にコンタクトをもつことができず、両者の間を

簡素な宗教改革派の教会
(ヴィッテンベルクの市教会)

荘厳なカトリックの教会
(ドナウヴェルトの聖十字架修道院教会)

聖職者と教会が仲介すると考えたが、宗教改革派は、一般信徒にも神との直接的な対話が可能ととらえた。例えばカトリックの場合、一般信徒が死後天国に行くためには、自ら精進するだけでなく、しばしば聖職者が執り行う一定の儀式や指導を受けねばならなかった。一方、宗教改革派の場合は、(現実はいろいろと面倒な問題が生じるのであるが)少なくとも理論上は、信徒は聖職者の助けを必要とせず、自らの信仰心だけで天国に行くことができた。そのような考え方の相違は、必然的に、聖職者の意味だけでなく、教会の建物や装飾の様子も変えることになる。

　カトリックは、信徒のために、聖職者が神への取りなしを行う場である教会堂を、聖画像やステンドグラス、あるいは花や香《こう》などを用いて、なるべく荘厳で宗教的な雰囲気に作りあげることが必要だと考えていた。一方、宗教改革派にとって、聖職者は神への仲介の権能をもった宗教的エリートではなく、単なる信徒の信仰上の世話役にすぎず、教会堂は信徒間の信仰交流の場でしかない。すると、教会堂内部の雰囲気は二次的要素でしかないことになり、結果として宗教改革派が望んだ教会堂は、キリスト教徒ではない大多数の日本人からみれば、あたかも装飾や備品の配置を忘れてしまったかのようなそっけないものに映る。

　これ以上の詳細は省略するが、つまるところカトリックの信仰観は、基本的に空間の現実的な雰囲気を重要視する傾向にあり、宗教改革派のそれは、どちらかといえば理念的で理論的であったということができよう。教会堂の雰囲気のこの違いは、今日でもあてはまる。ヨーロッパに旅したとき、訪れた教会が聖画像や花や香で飾り立てられていたら、それはたいていカトリックの教会であり、あっけないほど殺風景であれば、宗教改革派の教会である。

聖画像寄進のブーム

聖画像破壊の具体的な事例として、チューリヒの場合を、踊共二《おどりともじ》氏の研究論文（「チューリヒ宗教改革における聖画像破壊について」『西洋史学・一四六』一九八七年）を材料に紹介しておこう。チューリヒはスイスの都市であるが、使用される言語はドイツ語であり、ひとびとの生活や文化もドイツと共通していた。宗教改革運動の展開も、基本的にドイツと共通する形をとった。

宗教改革前に聖画像の寄進や崇敬がブーム化していたと前述したが、チューリヒも例外ではなかった。様々な史料から集計すると、一四八〇年代からの約三十年間に、市内と郊外の市領地にあわせて少なくとも十五の新しい教会堂が建立され、新設された祭壇の数は三十ほどにも上った。加えて、旧来からの教会堂にも多くの新しい聖画像が寄進された。もちろん、聖画像寄進の主な担い手は都市の裕福なひとびとであるが、一般の市民も、教区や同業者組合の共同体単位で寄進を行うことがあった。また、農民が寄進を行った例も、少ないながら伝えられている。寄進された聖画像に飾られた祭壇の前では、定期的に寄進者のために特別の祈りが捧げられ、また、祭壇の装飾物に寄進者の家紋が刻まれることもあった。

民衆の聖画像参詣はさらに盛んで、例えば、近郊のオーバーシュタムハイムの聖アンナ

（聖母マリアの母。つまり、イエスの祖母であり、母性の根源的存在かつ大地母神のような存在として、当時マリアに次いで人気があった聖人である）祭壇や、アインジーデルンの聖母マリア像などを詣でるひとびとは、連日ひきもきらなかった。一五〇八年のマリア被昇天祝祭日に行われたアインジーデルン詣でには、チューリヒ市から片道五十キロメートルの道のりをものともせず、千五百名以上の参加者があったという。史料の語るところによれば、詣でた「ひとびとは、聖母マリア像の前で帽子をとり、ひざまずき、ろうそくを灯し、供え物を捧げ、参詣を今後も続けることを約束し、『お助けください！』と呼びかけていた」。

聖画像を破壊せよ

ところが、宗教改革運動のはじまりとともに状況は一変し、聖画像の破壊運動がはじまる。チューリヒでは一五二三年に、ツヴィングリの指導のもとに宗教改革がはじまった。彼は、教会から聖画像を撤去することを強く主張していたが、それは合法的かつ秩序をもって行われるべきと考えていた。しかし民衆は、自発的に暴力的な形で聖画像の破壊をはじめてしまった。経過は次のようである。

まず、一五二三年九月九日、市の中心部にある聖ペーター教会の礼拝堂付司祭に仕える侍者ラウレンツ・マイアという男が、仲間たちとともに教会の内陣に侵入して、金銀など様々なもので飾られた祭壇を打ちこわしてしまった。すぐに修復の作業に取りかかった司祭に対して、マイアは「教会のまわりや、その他のいたるところで、ほとんど何ももたない多くのひとびとがひどい空腹と窮乏を強いられている。このような豪華な装飾品があれば、そうしたひとびとを容易に救うことができるのに」と訴えた。

九月中に、やはり市の中心部にある聖母大聖堂の聖画像が襲われた。犯人ははっきりしていないが、破壊後、チューリヒで宗教改革派の聖書講読会を主催していた書籍行商人アンドレアス・カステルベルガーが、街頭で破壊の首謀者を称賛する演説を行い、多くの市民がこれに賛同のエールを送った。

聖画像の破壊（当時の年代記から）

また、そのころ市近郊のシュターデルホーフェン村では、ある裕福な船大工の親方が寄進したという大きなキリスト磔《たっ》刑《けい》像を、靴屋のクラウス・ホッティンガーが仲間たちと共謀して引き倒してしまった。取り調べのとき、彼は、自分の行動は幾人かの市参事会員の了解と意向にもとづいていると主張した。市参事会員とは、中世以来、都市政府を動かしていた市会議員のような役職で、当時はほとんど例外なく、裕福な名望家の家系のひとびとによって占められていた。彼はそのような市参事会員として、小商品販売業者のゼッツシュタープ、ブドウ栽培業者のシュプリュングリ、靴製造業の親方トリュープらの名を挙げた。また、ホッティンガーは、「その木を売って得た金を、施療院の貧しいひとびとに与えるつもりだった」とも供述した。

複数の人数で引き倒し、それを売って金を得ることが期待できたとすれば、この十字架のキリスト像はかなりの大きさであったと思われる。また、貴金属の装飾品がたくさんついていた可能性もある。

やはり九月中に、郊外のヘンク村で、教区司祭のジーモン・シュトゥンプが礼拝のときに聖画像を批判する説教を行った。彼は、教区民が自主的に聖画像を撤去すべきであり、市当局の指示を仰ぐ必要はないと訴えた。すると、会衆の間で議論がわき起こり、礼拝は中断されてしまった。そして、その夜、教会の祭壇や聖画像が破壊される事件が起こった。残った教会装飾品も、その後すべて教会用務員の手でとり払われ、納室に移された。やがて、市政府による事件後の事情聴取によって、聖画像の撤去は教区民の多数意見であることがわかった。

なお、宗教改革の導入と、聖画像の「秩序立った撤去」に都市政府も積極的であったチューリヒでは、翌年の一五二四年六月に、自発的な聖画像破壊の禁止と市政府による合法的撤去を定めた布告が制定された。布告にもとづいて設けられた聖画像撤去の実施委員会のメンバーが、大工、石工、鍛冶屋などをしたがえて、市内の各教会を巡回し、一ヵ月ほどの間に、ほとんどすべての教会装飾を撤去、解体してしまった。後述するが、ドイツの都市政府の過半数は、時期的なずれはあっても、やがて公的に宗教改革を導入したので、それらの都市の聖画像をめぐる動きは、基本的にチューリヒと同様の経過をたどった。また、ずっとカトリックに留まった都市でもやはり聖画像破壊事件が起こっているが、こちらでは、それは弾圧されることになった。

民衆は信仰に燃えていた

チューリヒの諸事例は、各地の聖画像破壊運動とも共通するいくつかの特徴を伝えている。宗教改革以前には、教会堂や祭壇の建立、聖画像の寄進、近隣の聖地教会への参詣などがブーム化していたのに、宗教改革がはじまると、民衆は手のひらを返したようにこれらに、とくに聖画像に敵対的になったこと、破壊を扇動したリーダーのなかには、司祭など当時のカトリック聖職者の現職にあったひとびとも含まれていたこと、聖画像破壊の支持者は必ずしも貧しいひとびとだけではなく、市参事会員を例として、裕福で権勢のあるひとびとの間にもみられることなどである。

そのような実情を解釈して、近年の歴史研究者たちは、宗教改革直前の「信仰ブーム」と、宗教改革がはじまってからの聖画像破壊は、実は同一の信仰熱意から発しているのではないかと考えはじめている。つまり民衆は、カトリック教会が聖画像の寄進や参詣は推奨されることだと教えたので、かつてはそれにしたがったが、一五一七年以降、宗教改革の指導者たちが聖画像は神の意思に反すると説きはじめると、今度は素朴に豹変して、こちらにしたがったという解釈である。とすると、たとえ当時の民衆の信仰への熱意レベルは非常に高くとも、その方向と発現形態は、指導者の示唆や説教しだいでいかようにも変わりうるものだったことになる。

聖画像破壊者は聖画像寄進者だったのか

ハインペルとメラーは、レーゲンスブルクの例から、この解釈をさらに進めて、宗教改革以前に聖画像を寄進したひとびとと宗教改革で聖画像を破壊したひとびとが同じだったのではないか、という推定を提出している。レーゲンスブルクでは、十六世紀のはじめに新しく、「うるわしの聖母マリア教会」という教会堂が建立され、素晴らしい「うるわしの聖母マリア」の絵が設置された。その教会を完成させるために、市民たちから莫大な額の寄進が寄せられ、連日、町中から工事のボランティアたちが押しかけて、現場はあたかも都市民全体の大共同事業の様相を呈した。あるときは、聖母像を描いた教会旗と赤々と燃える燭台を先頭に、三百人の婦人や少女が石を運ぶ姿がみられたという。完成すると、今度はこの教会を目指して巡礼が殺到した。

しかし、宗教改革運動がはじまるとともに巡礼も参詣者もばったりと途絶え、まもなく市政府が宗教改革を公認すると、「うるわしの聖母マリア」の絵は、市民の集団的活動によって破壊された。教会堂の名称も、単なる普通名詞と変わりない「新教区教会」（ノイ・プファール・キルヘ）へと改められた。教会堂建設も聖画像破壊も、ともに町ぐるみの大運動となったことを考えると、寄進して教会堂建設にも携わったボランティアたちと、その後「うるわしの聖母マリア」の絵を破壊した暴徒たちが同一であった可能性が高いというわけである。厳密な確定は、史料の不足で今後もむずかしそうであるが、極めて興味深い推定である。

「うるわしの聖母マリア教会」と巡礼の人々（1519年の銅版画）

なお、ドイツ語で、聖画像寄進者をビル

ダーシュティフターBilderstifter、聖画像破壊者をビルダーシュトゥルマーBilderstürmerという。両者が同一人ではないかとするアイデアを裏付けるように、ちょうど語呂合わせになっているのはご愛敬である。

教会芸術の職人は失職

カトリックの教会堂は聖画像や多くの装飾品で飾られているが、宗教改革派の教会堂は、それらに否定的な考え方のせいで、殺風景になったと述べた。聖画像破壊の顚末《てんまつ》記になるが、宗教改革派になった地域では、それまで教会関係の装飾や建築、聖画像制作に従事していた職人たちが仕事にあぶれて困窮化したのではないかという推論がある。渡辺伸氏(「ハンス・バルドゥング・グリーンと宗教改革」『長崎大学教養部紀要 三〇・一』一九八九年)によれば、この時期に各地で、彫刻師や絵師が窮状を訴えた文書を残しているという。

例えば、一五二三年以来、市民による聖画像破壊が頻発したアルザスの都市シュトラスブルクでは、一五二五年に、彫刻師と絵師たちが市政府に次のような申し入れを行っている。「神の御言葉により、聖画像に対する崇拝ははっきりと否定されましたが、我々も［聖画像崇拝は］迷信だと考えるので、そのことに異存はありません。しかし、そのために、［聖画像だけでなく］その他のものを描いたり、彫ったり、あるいはそれらを学ぶことまでができなくなってしまい、妻子を養えなくなっています。これでは、破産し、物乞いをするしかありません。我々は働く意志はあるので、福音を実行している［＝宗教改革派の］他の都市で同業者たちが受けているような保護をお願いします」。なかなか深刻な訴えである。実際に、宗教改革派になった都市のなかには、失職した彫刻師や絵師に都市政府が保護を与えていたことを示す史料が残っていることがある。

また、一五三一年にはアウクスブルクで、市の絵師のツンフト（同業者組合、ギルド）が、シュトラスブルクから来ていた絵師のハーゲナウアーという男を、「自分たちの仕事を奪っている」と市政府に告発した。それに対して、ハーゲナウアーは「故郷のシュトラスブルクでは、もはや絵師として収入を得られなくなったから、やむなくアウクスブルクにやってきた」というような弁明をした。当時、シュトラスブルクは宗教改革派体制のもとにあり、教会装飾や聖画像を否定していたが、アウクスブルクではまだカトリック勢力も有力であり、金持ちも多かったから、注文が絶えることはなかったのであろう。一応、彼の弁明は論理的ということになる。

さらに、宗教改革がはじまって二十年あまりを経た一五三八年に、ある芸術技巧書を出版したフォークトヘルという人物は、その序文に次のように記している。「神がその聖なる御言葉を新たに広められて以来［つまり、宗教改革がはじまって以来］、今日では、あらゆる精妙にして自由な技芸は著しい荒廃を蒙っている。というのも、多くのひとびとが、これらの技芸からいやおうなしに遠ざけられ、他の職種に向かわされているからである。しかし、これは神が求められたことなのかもしれない。……もう数年もすれば、このドイツの地に、絵師や彫刻師として働く者はほとんどいなくなるであろう」。文面から察するに、宗教改革を肯定的に捉えているので、著者はその支持者のようであるが、一方で、結果として生じた芸術の衰退を嘆いている。この叙述は彼の複雑な気持ちを伝えるとともに、当時の教会芸術の職人たちが置かれていた立場を想像させるに十分である。

もちろん、以上のような史料の記述が、そのまま事実を伝えているとすることはできない。訴状、弁明、主張には、必ず誇張がはいっていると考えるべきである。聖画像破壊運動の前後で、特定の彫刻師や絵師の経済状況が急変したかどうかという研究も試みられているが、現状では、期待する結果は得られていないようである。カトリックに留まった彫刻師や絵師たちは憤懣やるかたなかったとしても、宗教改革を支持した同業者たちは、自らの宗旨がやがて自分の首をしめることになってもかまわないとあらかじめ覚悟していたのであろうか。そして、聖画像作りや教会装飾の仕事をあきらめて、宗教改革派のプロパガンダ文書に使われる木版画の製作職人に身を転じたひともいたのであろうか。

現代の聖画像崇敬

聖画像の神学的位置づけも、現代まで続いているカトリックと宗教改革派の見解の相違点である。教会の装飾が異なるだけでなく、聖画像との関連で興味深いのが、カトリックの地域に現在もある「聖所」である。南フランスのルールドはすでに世界的に有名であるが、ヨーロッパのカトリック圏には地域的な聖所がいたるところにあり、そこでは十六世紀の聖画像崇敬の実情を想起させる風景が今なお展開されている。上の写真は、宗教改革の荒波を受けることなくカトリックに留まった、南ドイツのツーメッツハウゼンという小さな村にある「嘆きの聖母マリア」をまつる聖所である。言い伝えによると、昔このあたりの畑で、農民が偶然、土の中からマリア像を発見した、よく見ると、マリア像は涙を浮かべていた、そこで村人たちは、このマリア像をまつり、参詣すると、不治の病いがなおるなど、いくつもの奇跡がおこった。

ツーメッツハウゼンの「嘆きの聖母マリア」像（現在）

中央に（その後、新しく作られたにちがいないが）聖母マリアの像が立てられ、周囲には、寄進された大小いろいろなろうそくや花が所せましと並んでいる。大きなろうそくは高さ二メートルほどもあり、寄進者の名前が書いてある。そのかたわらには、石や木で作られたたくさんの「絵馬」が奉納されている。読んでみると、「マリア様のお助けに感謝します」「マリア様は、医者が見放した病気の私を助けてくださった」「マリア様は、ひどい交通事故のとき、奇跡のように私を守ってくださった」といった文面である。

この場所の光景は、訪れたひとびとを荘厳な気分にさせるとともに、十六世紀の民衆が聖画像に対して抱いていた素朴で篤い信仰心と、それを破壊したときの複雑な心中を思いはからせる手がかりになる。

第七章　修道士の還俗と聖職者の結婚

ルター夫妻

修道士を否定したルター

修道士の還俗と聖職者の結婚も、宗教改革運動の初期に民衆の大きな関心を集め、宗教改革支持者の証の行動となった。それらは運動の進展とともに、やがて、聖画像問題よりも大きな反響と結果をもたらすことになった。もちろん、これらの行動は一般の民衆自身にとってのことがらではないので、民衆は、還俗する修道士や結婚する聖職者を歓呼で迎え、援助したことになる。また、宗教改革の指導者たちは、彼らの行為を神の意思に適うものとして、積極的に宗教改革宣伝の一環に加えた。

修道士の還俗と聖職者の結婚は、相互に密接に結びついているので、まとめて取りあげることにしたい。いうまでもなく、修道士も、広い意味で聖職者のひとりである。しかし、在俗聖職者といわれる通常の聖職者が一般信徒の信仰生活を指導するのに対して、修道士は世俗の社会とは一線を画しながら、修道院の中で「完徳をめざして観想の共同生活」をおくるひとびとである。彼らは、貞潔、清貧、服従をモットーとして、修道院長のもとで、生活のすべてを信仰に捧げる厳格な日々をおくる。したがって、中世以来、カトリック教会では、修道士生活は信仰生活の最も望ましい姿と考えられてきた。また、完徳の修道士の功徳は、本人の救いのためには多すぎるので、それは一般信徒にも分け与えられるという教えもあり、修道士は民衆の尊敬の対象にもなっていた。修道士には、男女両方があった。

当時のカトリック教会は、修道士はもちろん、聖職者はみな神に仕える者として、禁欲の独身生活をおくらねばならないと定めていた。

ルターは、エアフルト大学の学生であった一五〇五年の夏、信仰に生きる固い決意のもと、将来の世俗的成功を期待する父親の強い反対を押し切ってアウグスティヌス厳修道会の門をたたき、修道士となった。しかしそれから十余年後、宗教改革運動に着手したとき、ルターは、修道士制は神の意志と対立する制度であり、廃止しなければならないと公に表明した。

一度は確信して選んだ自らの立場を否定するこの主張は、修道院内におけるルターの日夜を問わない真摯《しんし》な生活努力と思索の結果である。その間の経緯は比較的よく知られているので、ここでは簡潔に述べておきたい。ルターは、貞潔、清貧、服従という修道士のあるべき生活を、行動としてだけでなく、心の問題としても完全に実現することをめざしたが、それは不可能であった。修道士生活の完遂は人間にとって不可能な目標であり、神ははじめから人間にそのような生活を望んではいないというのが、彼が呻吟《しんぎん》の末に引き出した結論であった。ルターの後年の回想を書きとめた弟子たちの記録によれば、彼は、修道士としての自らの生活努力について次のように語ったという。

「私は修道会の規則を実に厳格に守った。だから、もしも修道士のうちで、修道士生活の内容によって天国に到達する者があるとすれば、それは私だったと言うことができる。私を知っている修道院の仲間たちは、みな、それを証明してくれるだろう。もしも私があれ以上つづけていたなら、私は、徹夜の勤行《ごんぎょう》や祈りやその他の聖務で、自分自身を殺してしまったに違いない」

信仰に生きる生活、あるいは神が人間に要求する生活という観点から、ルターは修道士だけでなく、広く聖職者全体のあり方についても思索を重ねた。その結論のうち、社会的な影響力が最も大きかったのが、修道士も含めたあらゆる聖職者は結婚すべきだという判断である。エリクソンの精神分析学的研究（大沼隆訳『青年ルター』教文館、一九七四年）によれば、カトリック教会が聖職者に課していた禁欲の独身制は、若者ルターにとって、肉体的にも精神的にもとりわけ深刻な課題だったようである。彼は、修道士だけでなく一般の聖職者の独身制についても、それを否定する結論に到達した。神は、すべての人間が結婚による家庭生活のなかで子孫を残し育てるように定めたのであり、聖職者の独身制は神の意思ではないし、人間の成就しうる課題でもないという考えである。

ルターも結婚した

ルターの見解表明に呼応するように、宗教改革運動の開始後たちまちのうちに、各地で多くの修道士や修道女が修道院を去り、また、彼らや一般の聖職者たちが次々に結婚しはじめた。ルター自身も、まもなくそれを実践することになった。彼は、自らが修道士を辞すると宣言したことはなかったが、一五一七年以降、様々な著作で修道士制を批判し、事実上、修道士をやめていた。では、当時の彼が何者だったかといえば、宗教改革派の聖職者ということになる。当初ルターは、自分が結婚することまでは考えていなかったようであるが、周囲に押される形で一五二五年、カタリーナ・フォン・ボーラという還俗した元修道女との結婚に踏みきった。

ルターと結婚したカタリーナ・フォン・ボーラ

すでに『九十五ヵ条論題』の発表から八年近くの年月が経っており、ルターはすでに時の人になっていた。その彼が実行した元修道士の聖職者と元修道女の結婚は、快挙に対する喝采、あるいはスキャンダルへの興味とともに、様々な史料に残されている。当時のひとびとの反応をかいまみせてくれるので、紹介しておきたい。

一五二三年の初頭に、カトリックのザクセン大公領邦のグリマにあるシトー会ニンプ修道院の修道女たちから、「私たちは今後どうすべきか」という手紙が届き、ルターは、彼女たちが修道院から脱出するのを援助すると約束してしまった。しかし、カトリック教会の規則によれば、修道女の誘拐は死罪であった。とくにザクセン大公は、第三章でふれたように熱心なカトリックの支持者であり、自分の領邦からは修道士の還俗事件を起こさせまいと厳しい監視体制をしいていたので、脱出指揮には計画性と実行力のある人物を必要とした。その役を果たしたのが誰であったかについて諸説があるが、グリマに近いトルガウにいたルターの知人のひとりあるいは数名が、首尾よく、還俗希望の十二名の修道女を、修道院出入りをよそおった幌馬車に隠して連れ出した。そのうち三名はすぐに自宅に帰ったが、九名はルターの住むヴィッテンベルクにやってきた。

カタリーナのお気に入りは誰だ

彼女たちは、みな結婚することを希望した。当時の女性は、結婚するよりほかに生活の術がほとんどなかったことも関係している。ルターや彼の仲間の世話もあり、やがて、ひとりまたひとりと、相手を見つけて結婚していったが、カタリーナ・フォン・ボーラという娘だけが残ってしまった。周囲をみると、候補となりうる独身者のなかにルターもいた。

そこで、誰かがおそるおそる、「ルター先生がカタリーナと結婚すれば、すべてがまるくおさまる」と進言したが、ルター本人はしばらくの間、カタリーナの夫となるべき自分以外の男を探していた。当時、ヴィッテンベルク大学で学んでいたニュルンベルクの裕福な都市貴族ヒエロニムス・パウムガルトナー、オルラミュンデの牧師で神学者のグラッツ、ルターの友人で大学教授のニクラウス・アムスドルフなどの候補者が知られている。

現在のヴィッテンベルク市庁舎前広場（手前がルター像、後方がメランヒトン像）

シュウィーバートのお節介ともいえる検証によれば、カタリーナはカタリーナで、パウムガルトナーに一目惚れしていたらしいが、まもなく彼は故郷に帰ってしまった。グラッツとの結婚は、彼の外見が問題だったのか、頑として拒否した。彼女は、アムスドルフかルターならよいと言ったが、前者も固辞したので、ルターしかいなくなった。

ルターは言を左右にしていたが、彼女が嫌いではなかったようである。二年あまりが過ぎて結局納得したらしく、一五二五年六月十三日に、ふたりは結婚式を挙げることになった。当日、ヴィッテンベルクの市教区教会の入り口のところで、集まった群衆を前に式が執り行われた。それから、まずアウグスティヌス厳修道院の建物で、次に市庁舎で祝宴がもたれた。ヴィッテンベルクは、すでにルターの町、宗教改革の町となっていたから、市をあげてのお祝いだった。

ルターの結婚は、宗教改革運動の進展にはずみをつける事件であったとともに、彼の人柄を示すエピソードでもある。これまで各所でふれたように、ルターは強靭な意志と頭脳、社会的指導者としての優れた資質を備えた人物であったが、日常生活においては、意外なほど生真面目《きまじめ》でシャイな一面をもっていたようである。

少し横道にそれるが、ルターは、その後もずっとカタリーナとの生活に満足していたし、素朴さを失うこともなかった。カタリーナについて「神が私に与えたものであり、私は彼女に与えられたものである」と言いつづけたし、知られているかぎりでは、ルターの生活に（結婚前もふくめて）、女性に関するスキャンダルは皆無に近い。歴史に名を残す世俗の指導者はもとより、アウグスティヌス、カルヴァン、ロヨラなど、偉大な宗教者のほとんどが一度は放蕩《ほうとう》生活を体験したことを考えると、不思議な気さえしてくる。それは時代の心性というより、むしろルターの個性であろう。

司祭ヤーコプと市民の娘アンナ

修道士の還俗と聖職者の結婚は、ルターのお膝元だけでなく、ドイツ中の各地で起こった。そして、宗教改革運動の進展にはずみをつけた。次に、ヴィッテンベルクから数百キロメートルも離れた南ドイツの大都市アウクスブルクについて、ノーヴィッキの研究からいくつかの事例を紹介しよう。

アウクスブルクは、政治や経済の中心地であり、また、新しいもの好きな土地柄でもあったのか、早くから宗教改革に好意的なひとびとが多かった。とくに、『九十五ヵ条論題』発表の一年ほど後、一五一八年十月にこの町で行われたローマ法王特使カエタヌスによるルター審問が、ルターびいきを増やしたようである。話題の人物ルターが到着したとき、彼が馬車から降りるのを見ようと大勢のひとがつめかけ、なかには着ていた上着をくれとせがんだ者もいた。ルターが与えると、もらったひとはそれを聖遺物なみのお守りの品として大切にしていたという記録がある。

このアウクスブルクでは、一五二三年ごろから聖職者の結婚や修道士の還俗がはじまった。聖職者として最初に結婚したのは、ヤーコプ・グリースボイテルという司祭である。彼はアンナという市民の娘を妻にしようとした。しかし、宗教改革に敵対的ではなかったが、この時点では公にはカトリック体制をとっていた市政府が、教会で儀式を受けることを許可しなかったので、結婚式は市内のある旅籠屋《はたごや》で行われた。そのとき市政府は黙認したが、どうもアウクスブルクでの聖職者の結婚はまだ早すぎたようである。しばらくして、式を司《つかさど》ったカスパー・アドラーという男が投獄され、参列者はみな罰金を科せられた。結婚した当人たちも、市内の教会業務を統括していたアウクスブルク司教の追及を逃れて、この年のうちに市を去った。しかし翌年、クリストフ・ゲールングという宗教改革の支持者が、この結婚を支持し、宣伝するパンフレットを出版した。『最近、アウクスブルク市で、キリスト教の良き聖職者が結婚したことについての事件経過』というタイトルのそのパンフレットによると、グリースボイテルだけでなく、アンナも宗教改革の考えを理解して「自発的にこの結婚を実行した」という。

元修道士フロッシュと風呂掃除屋の娘

一五二五年三月二十日に、カルメル修道会を脱退した元修道士ヨハン・フロッシュが、マルガレーテという女と結婚した。今回は市政府も容認して、結婚式は聖アンナ教会で、ウルバーヌス・レーギウスの手で執り行われた。聖アンナ教会は、もともとカルメル修道会の所有であったが、そのころまでに事実上、宗教改革派化していた。また、レーギウスは、ルター思想に共感をいだく人文主義者として市内外に名を知られていた高名有識の聖職者であった。当時、彼は町の中央教会であるドーム教会の司祭をやめて、聖アンナ教会の説教師をつとめていた。

式のあと、レーギウスは、そのときに行った説教を『結婚についての説教』というタイトルで出版した。その解題は、多くの名望あるひとびとが列席したこととともに、フロッシュが結婚したのは「マルガレーテという尊厳ある徳の篤い若い婦人であった」と述べている。しかし、当時のこのような記述に当然あるべき彼女の姓や両親の名、家庭環境の記述はない。

また、この時期のアウクスブルクをカトリック支持の立場から記述したベネディクトゥス会の修道士クレメンス・ゼンダーの年代記は、「彼〔フロッシュ〕の結婚式には、多くの身分ある裕福な男女のひとびとが参列した。……それ以来、彼の修道会のすべての修道士が、彼に続いて〔還俗し〕、そして妻をめとることになった」と書いている。しかし、そこには花嫁や両親の名前はなく、そっけなく「貧しい風呂掃除屋の娘」とだけ記されている。

フロッシュ

有力市民も出席して、市在住の著名な知識人がとりもったこの結婚式が、宗教改革運動のかっこうのプロパガンダ材料となったのは事実であろう。しかし、花嫁についての記述が、宗教改革を支持するレーギウスとカトリックのゼンダーとの間で食い違い、また、両者ともに彼女の姓を記していない。今日では考えられないほどに、社会的地位や財産、そして教養が人物評価の大きな要素であったこの時代にあって、おそらく花嫁の家庭環境は、宗教改革派に好都合とはいえなかったのであろう。この結婚を快く思わないゼンダーは、花嫁を「貧しい風呂掃除屋の娘」とだけ記述し、一方、結婚をプロパガンダに用いたかったレーギウスは、「尊厳ある徳の篤い婦人」として名だけを書き、姓を除いたというのが、ノーヴィツキの推測である。

高名な説教師レーギウスと名望ある市民の娘アンナ

その後も聖職者の結婚が続いた。フロッシュの式から四ヵ月後、今度は、レーギウスがアンナ・ヴァイセンブルクという女と結婚した。ある史料によると、彼女は「当市の名望ある市民の家庭で生まれ育ち、才気に満ち、心温かく、また教養が高いことで評判の娘」であった。前述のゼンダーも、今回は事態の進行に観念したかのように客観的に記述している。一五二五年の「七月十五日、つまり我々の主の聖体節の翌日の金曜日に、コンスタンツ司教管区の聖職者の子で、桂冠詩人で、また博士のウルバーヌス・レーギウスは、聖アンナ教会でひとりの若い婦人と結婚した。結婚式には、市代表〔市長〕のウルリヒ・レーリンガー、フロッシュ博士、そして、クリストフ・ヘルヴァルト、ハンス・シュミート、聖ウルリヒ教会のルター派聖職者たち、クラウス・ヴェルザー、還俗した〔元〕フランチェスコ修道会士の説教師ミハエル・ケラー、さらには〔医師の〕アンブロシウス・ユンク博士、そして多くの男女の市民、名望あるひとびとが列席し、市政府の吹奏隊が高らかにホルンを吹きならした」。

レーギウス

レーリンガー、ヘルヴァルト、ヴェルザーは、市政と市経済に大きな影響力を行使していた都市貴族や大商人の家系のひとびとである。この参列者リストは、宗教改革の積極的な支持者が市の有力者層にも広がっていたことを示している。また、式の後には祝宴が開かれ、ダンス会も催された。その会場の外には、結婚を祝う大勢の群衆がつめかけていたという。レーギウスの結婚は、アウクスブルクの宗教改革支持者にとって、最高のデモンストレーションであった。次章で説明するが、アウクスブルク市政府は、一五三四年に宗教改革を公式に承認する。それには、一連の聖職者の結婚と、それらを記したパンフレット類の出版が果たした役割は小さくなかったと考えられる。

男に対して女が多すぎる

修道士の還俗と聖職者の結婚もブームとなった。それは、彼らが禁欲の独身制を守る努力と思索を積み重ねたにもかかわらず、ルターと同じような結論に近づいていたためだとすることもできるが、理由はそれだけではない。少なからぬ当時の修道士や聖職者が、もともと独身生活をまっとうする決意を欠いていたからだということもできる。中世以来、できれば結婚したいと思っていた聖職者は少なくなかった。

まず、修道女のなかには、不本意にも修道院生活に甘んじねばならなかったひとびとがいた。フリーデンタールの表現を借りれば、「多くの女子修道院が、多産な貴族家庭で生まれた余分の娘たちの養育所となっていた」からである。つまり、中世から宗教改革期にかけての時代は女性過剰の社会であり、統計的にみると、毎年一定数の女性が必ず結婚にあぶれることになった。それを半ば無意識的に感じとっていた当時のひとびとは、この過剰な女性人口を、結婚相手を探す必要がない修道院に送りこんだという説明である。

聞きかじりの生物学知識によれば、人間の出生時の比率は、男一〇四に女一〇〇程度であるにもかかわらず、抵抗力の違いなのか男児の方が多く死ぬので、成年に達するころには同数になるという。しかしながら、中世のヨーロッパでは、不摂生やけんかや戦争のために、自然の摂理以上の男が死んでいった。レーリヒ(魚住昌良他訳『中世ヨーロッパ都市と市民文化』創文社、一九七八年）によれば、十五世紀から十六世紀にかけて、ニュルンベルクの男女比率は一〇〇対一二〇・七、バーゼルでは一〇〇対一二四・六、ロストックでは一〇〇対一二九・五にもなっていた。さらに、中世は教会人が沢山いた社会で、都市では聖職者が男性人口の数パーセントに達するところもあった。それほどたいした数ではないともいえるが、彼らは当然、結婚の候補者から除外されるので、確実にその分、ますます女性が過剰になった。

本当は修道女になりたくなかった

人数の厳密な算出はむずかしいが、このアンバランスを解消するために、貴族や裕福な家では、一定数の娘を持参金つきで修道院に送り込んでいた。それは他方で、女子修道院の財政を支えることにもなった。都市の豊かな商人の遺書には、ときどき、死後の財産分与について、娘の誰それが嫁ぐことなくしかるべき年齢に達した場合には修道院に送るようにとして、その持参金の額を記したものがある。もっとも、女子修道院のなかには、持参金のない娘も引き受けるお金持ちの修道院もあった。

ルターの妻カタリーナ・フォン・ボーラは、そのような貴族の娘の例である。彼女は、ザクセン地方のさほど裕福とはいえない貴族の家に生まれ、グリマのシトー会ニンプ修道院に入れられた。カタリーナの信仰への決意がどのようなものであったかを示す決定的な史料は知られていない。しかし彼女が、ルターの友人が用意した脱出用の幌馬車に、身の危険をかえりみずに自発的に乗りこんだことと、還俗したときに自ら結婚を望んだことは間違いない。

また、カタリーナと直接的な関係はないが、当時ドイツには、「神よ、私を修道女にしたひとに、破滅のときを与えたまえ」と歌う民謡があったという。修道女たちは、終生修道院のなかで、静かで敬虔な生活を送ることになるが、彼女たちの何割かがその生活を「意に反して放り込まれた牢獄」と感じたとしても不自然ではなかろう。

聖職者になるのは出世コース

男の修道士や聖職者にも、禁欲の独身制を守る決意が薄いひとびとが少なからずいた。しかし、その理由は、修道女の場合とは異なっていた。出世のために聖職者を志した男も少なくなかったのである。

当時は厳格な身分制社会であったから、ひとは自分が生まれた身分の仕事をまじめに勤めるのが当然とされていた。そんななかで、唯一、出自を越えた立身出世を可能にする人生選択が、聖職者の道であった。聖職者の地位に出自は問題とならないとされていたからである。聖職者として修養を積み、教会組織の中を上手に立ちまわれば、論理的には、司教から枢機卿、さらにはローマ法王になることも夢ではなかった。また、教会内である程度の地位を得た後ならば、国王、諸侯あるいは都市政府の官僚に「天下り」することもできた。

そこで、農民や一般の都市住民の家に生まれたが、将来有望と見込まれる子どもたちは、教区の司祭に勧められたり、みずから志願したりして、聖職者になろうとした。ある研究によると、十歳前後の多くの子どもがとりあえずは聖職の修行をはじめたが、実際に聖職者となったのは十人にひとりもいなかったという。

この数字はともかく、そのような動機で聖職を志した彼らは、学問ができたり、指導力に優れていたり、人間関係の機微をみるのに秀でていたとしても、全員が信仰のために禁欲生活を実践することを決意していたとは言いがたい。ローマ法王庁の要職を占める聖職者たちや、各地の修道院や大教会の管理職に就く聖職者たちには、その気になれば愛人を囲える財力があった。そのような連中が、聖職者全体の何割ぐらいを占めていたのかは確定しがたい。しかし、第五章でみた木版画のように、ゴシップあるいは聖職者批判の題材としてしばしば民衆の話題になっていたから、まれではなかったようである。

しかし、教会制度の末端に位置し、村や町で民衆と接して暮らす教区の司祭たちには、そのような金銭的な余裕はなかった。そのかわりといっては変であるが、中世のころから、彼らは事実上の妻である女性と一緒に暮らすことがあった。彼女たちは、女召使いの意である「ファムーラ」famulaと史料に記されるが、それが単なる家事や身のまわりの世話をする役ではなく、妻であることは、当時のひとびとも承知していた。

時期は少しあとになるが、一五六九年にカトリックのケルン大司教管区で、教会や聖職者の実態を調査する教会巡察が行われたときに、ある地域では、教区レベルの聖職者の約三分の一がファムーラと同居していることを告白している。また、その時期にカトリックでも、宗教改革に対抗する形で自分たちの教会改革を進める気運が高まり、その改革綱領を決定するトレント公会議が開催されていたが、末端の聖職者の間では、宗教改革派にならってカトリック教会も聖職者の妻帯を承認するだろうという噂が広まっていたらしい。教会巡察官から、公会議は聖職者の独身義務を再確認したと聞かされて、彼らは一様に落胆の色を隠さなかったという。

彼らの反応は、興味深いことのように思われる。これらの教区レベル聖職者たちにはすでにファムーラがいたのだから、異性の伴侶というかぎりでは、さしあたり聖職者の独身が再確認されたところでがっかりする必要はない。落胆したのは、結婚願望のせいであることになる。ただ、カトリック教会では、結婚は秘蹟という教会儀式に位置づけられているため、その儀式を受けてはじめて成立する決まりであった。したがって、この場合の結婚願望は、周囲のひとびとだけでなく、神にも認められた結婚をしたいという意味も含まれている。

聖職者のなかには、前述の木版画に描かれた修道士のようなひともいたであろうが、一方で、公明正大に妻をもちたいと願っていた聖職者も少なくなかったのではなかろうか。現代の信者にくらべて当時のひとびとは、容易に教会の教えやモラルから逸脱したが、一方で、それらに合致した生活をおくりたいという願望も強くもっていたといえよう。

宗教改革の導入は結婚するため

その意味で、もうひとつの傍証として取りあげたいのが、さらに十余年後の一五八二年にケルン大司教が発表した、唐突かつ独善的な宗教改革承認の宣言である。この年のクリスマスに、大司教ゲープハルト・トゥルフゼス・フォン・ヴァルトブルクは、今後、大司教領邦内ではカトリックだけでなく宗教改革派も自由な活動が許されること、自らは宗教改革派に改宗すること、そして、お気に入りであった貴族出身の修道女アグネス・フォン・マンスフェルトと結婚することを宣言した。

しかし、それが実現すれば、ドイツの宗派対立の情勢に重大な影響を与えるはずであった。つまり、ケルン大司教はドイツにおけるカトリック教会組織の要《かなめ》のひとつであり、その宗教改革派化は、カトリック教会の深刻な機能麻痺をもたらしかねなかった。また、中世以来、その地位は大諸侯で、ドイツの皇帝を選ぶ権利をもつ七人の選帝侯のひとりでもあった。当時の選帝侯は、ケルン大司教、マインツ大司教、トリエル大司教、ザクセン選帝侯、ブランデンブルク選帝侯、プファルツ選帝侯、ボヘミア王の七名で、前三者はカトリック、次の三者は宗教改革派、ボヘミア王はあらゆる会合に長期欠席であったので、うまく宗派バランスがとれていた。したがって、ケルン大司教の宗教改革派への改宗は、今後は宗教改革派が選帝侯の多数派になることや、ひいては将来、宗教改革派の皇帝が次々と出現しかねないことを意味した。

結局、トゥルフゼスの無謀ともとれる行動は、ことの重大さを知った彼の臣下たちや近隣のカトリック諸侯の武力的威嚇により、挫折した。彼は大司教を解任され、オランダに逃亡したが、その後一五八四年に、宗教改革派の都市シュトラスブルクの大聖堂の主任司祭となった。トゥルフゼスに宗教改革派への改宗を決意させた最も大きな要因は、愛人との結婚願望であったというのが今日の通説である。彼は、たとえドイツの政治情勢にどれほど重大な混乱を引きおこすことになろうとも、愛人との結婚を実現させたかったようである。

ルターが提唱した修道士の還俗と聖職者の結婚は、ルター個人の内面的問題から出発した課題の解決方法であったと同時に、当時の聖職者の多くが抱える心の悩みに解答を与えたということができよう。一方でカトリック教会は、修道士制と聖職者の独身制を護持しつづけた。現世的な諸事から離れ、信仰に人生を捧げるというその本来の理念は肯定されうるものであろうし、また、それを貫徹しようとする修道士や聖職者の努力は称賛されてしかるべきであろう。修道士制と聖職者結婚への判断もまた、現代に続くカトリックと宗教改革派の考え方のちがいである。

第八章　都市共同体としての宗教改革導入

アウクスブルク帝国議会の際の儀式

領邦君主が民衆の宗派を決める

宗教改革運動は民衆を巻きこみ、民衆の支持をうけながら進展していった。しかし、だいたい一五二五年を過ぎると状況は様変わりして、宗教改革派による民衆宣伝も、民衆の自発的な支持運動も、かなり限定されたものとなった。つまり、宗教改革の担い手は、民衆から領邦君主や都市政府に移っていった。

その変化を決定的にしたのが、一五二四年から二五年にかけてドイツのほぼ三分の二の地域に拡大した「ドイツ農民戦争」と呼ばれる大農民反乱が、農民側の敗北に終わったことである。農民戦争という名で呼ばれるが、この反乱の参加者は農民だけでなく、このころ増大しつつあった鉱山業の労働者、そして都市民などを含んでいた。彼らの反乱がつぶされた結果、民衆の自発的な宗教改革運動も衰退していき、反対に、鎮圧した領邦君主や都市政府の権力による宗教改革の統制が進んだ。

少し理屈っぽくなるが、ここで、一五二五年以降のドイツの民衆が置かれていた状況を、政治情勢の推移から確認しておきたい。農民戦争を鎮圧したドイツの支配者たちは、民衆に自らの都合に合わせた宗派政策を押しつける形で、自領地内の教会体制の整備に着手した。

すなわち、宗教改革を支持する領邦君主や都市政府は、宗教改革にしたがった新しい教会体制の確立につとめた。また、領邦君主や都市政府のなかでも、カトリックに留まった者は、従来からのカトリック体制を改善・強化することにつとめた。実はカトリック教会も、規模と社会的影響力はともかく、十五世紀末から「カトリック改革」と呼ばれる改革運動をはじめていたことがわかっている。十六世紀半ばになると、それは宗教改革に対抗する組織的で強力な改革「対抗宗教改革（反宗教改革）」に発展した。イエズス修道会やイグナティウス・ロヨラの名とともに語られる教会粛正と勢力再拡大の運動である。カトリック君主や都市政府の教会整備は、この「対抗宗教改革」と提携する形で進行する。

『アウクスブルクの宗教和議』の協定文書

そのような二宗派対立の動向を決定的にしたのが、『九十五ヵ条論題』の発表から四十年近く経つ一五五五年に成立した『アウクスブルクの宗教和議』である。ドイツ全体の君主たちの協定であるこの『宗教和議』は、「領主の宗教、その支配地に行われる」の原則で知られるように、領邦君主は各自、自分の領邦の信仰として、カトリックかルター派の宗教改革派かのどちらかを自由に選択できることを定めていた。したがって、領邦君主の領民である民衆は、自らの意志で宗派を選ぶことができない。もっとも、有名な補足条項として、欲すれば財産や地位を捨てて、自分が望む宗派の領邦に移住できることが定められていた。が、実際には、あれこれと領邦政府が干渉するので、なかなか簡単には移住できなかった。

こうして、『宗教和議』が成立してからは、ドイツでは、基本的に民衆次元の宗教改革運動や宗派争いはもはや起こりえないことになった。領邦君主が、自らが定めた宗派を不服とする者を直ちに弾圧したからである。

両宗派を公認する都市もあった

しかし、『宗教和議』には、いくつかの重要な例外的な取り決めがあった。そのひとつが、帝国自由都市といわれる自治都市のうち、従来からカトリックと宗教改革派の双方が認められていたところでは、今後もその二宗派の併存体制を維持しなければならないという条項である。十六世紀の中頃、帝国自由都市は、ドイツ、オーストリア、スイスの一部など、ドイツ語圏全体で六十あまりあった。時期によりいくらか変動があるが、『宗教和議』成立の時点で、宗教改革派になっていた都市が三十以上、カトリックに留まっていた都市が十ほどであった。

そして、両宗派を認めていてこの特例条項が適用されたのは、アウクスブルク、ドナウヴェルト、ディンケルスビュール、ビーベラハ、ラーヴェンスブルクなど、南ドイツを中心とした二十ほどの都市であった。これらの都市にとって、『宗教和議』はドイツ全体としての取り決めであり、両宗派の併存体制の維持は、自治都市としての政治的立場を守るためのほとんど絶対的な遵守《じゅんしゅ》事項であったので、その都市政府のほとんどは、二宗派体制の維持を政治的な最重要課題とした。

一方で、二宗派併存体制は、その都市の住民には以前と変わらぬ宗派宣伝と宗派活動の場を提供した。これらの都市では、十六世紀の後半にはいっても、市内の聖職者や民衆の自発的な宗教改革運動が続いた。また、そのころ活発化したカトリック側の「対抗宗教改革」運動も、市内の聖職者が民衆を取りこむ形で展開された。

帝国自由都市は、政治的、社会的に完結し自律した都市共同体であったから、そこに宗派を異にするひとびとが共存する場合、支配権力（都市政府）がいかに巧みに指導しようとも、日常生活のあらゆる局面が対立や抗争の原因となりえた。とりわけキリスト教は、その厳格な一神教的性格のゆえに、複数の宗派が併存することにもともと不寛容であった。さらにいえば、十六世紀という時代は、「宗教的寛容」や「信教の自由」という考え方に民衆が接する機会は、いまだ皆無に等しかった世の中であった。

人文主義者のエラスムスやセバスティアン・フランクなど、ごく少数の知識人たちは、宗派をめぐる暴力的な抗争の愚かさを説いていたが、それは所詮、荒野に呼ばわる声、現実世界とはかけはなれた思想世界の一理念でしかなかった。前述した『アウクスブルクの宗教和議』が都市における二宗派併存体制を定めた条項も、宗教的寛容の理念とは全く無関係に成立した。それは、カトリック側と宗教改革派側の主張が厳しく対立するなか、ねばり強い交渉の結果としてできあがった純粋に政治的妥協の産物である。

都市は「聖なる共同体」

そのこととの関連で興味を引くのは、中世以来の都市は、政治的な共同体であっただけでなく、信仰に関しても一枚岩的な統一性に固執していたという近年の研究者たちの指摘である。メラーの言い方を借りれば、都市共同体は神が祝福した「聖なる共同体」であり、都市城壁内は「聖なる空間」であるから、信仰について統一的でなければならず、その共同体に複数の教義あるいは真理概念を認めることになる複数宗派の併存はありえないというのが、当時のひとびとの常識であり、むしろ自明の理であった。

そのような思考の枠組みは、宗教改革運動の際にも当然のように適用されて、都市における宗教改革運動は、まもなく「その都市共同体は宗教改革を導入するのか、あるいはカトリックに留まるのか」という共同体単位の課題設定を行うようになる。すなわち、宗教改革派に傾いていった都市の多くでは、都市民が都市共同体としての宗教改革導入を要求して、それに応える都市政府が、やはり都市共同体としての導入を決定するというパターンをたどった。そして、宗教改革の導入以降、基本的に市内でのカトリック信仰は禁止された。一方、宗教改革運動が浸透しなかったり、市政府が厳しく弾圧したためにカトリックに留まった都市では、都市政府の統制のもと、やはり都市共同体としての一元的なカトリック体制の維持と強化が図られた。

そのような徹底した共同体単位のキリスト教信仰のあり方は、主として明治期以後に、極めて個人的な信仰として、また、しばしば知識人を通じてキリスト教を受けいれてきた日本社会に住む我々には、一見、奇異にも映る。しかし、日本における仏教や神道と同じように、ヨーロッパではキリスト教が共同体社会の伝統的宗教であったことを考えれば、不思議でもなんでもない。近代以前は日本でもヨーロッパでも、宗教は常に共同体にかかわることがらであった。

帝国自由都市の過半数が宗教改革派化したので、例をあげればきりがないが、チューリヒでは一五二三年に、宗教改革を支持する多数派の市民が都市共同体としての合意を成立させようと催した公開宗教討論会なる決起集会の圧力のもと、市政府が、今後は市内で「聖書で確証しうることだけが宣《の》べ伝えられるべき」という表現の勅令を布告して、宗教改革の導入を決定した。聖書を典拠とするという表現は、第三章のルターの様々な肖像画のところでふれたように、宗教改革派に固有の言い回しであった。ニュルンベルクでは一五二五年に、民衆ではなく、宗教改革に共感する市政府みずからが、市民の意志を結集するために公開宗教討論会を開催したうえで、都市共同体の宗教改革派化を決定した。リューベックでは一五三〇年に、やはり多数派となった宗教改革支持派の要求に応じて、こちらは市民総会が開催され、その結果、市政府の判断でリューベック都市共同体の宗教改革が実施された。アウクスブルクでは一五三四年に、都市住民多数派の意向を受けて、市政府が「準」市民総会ともいうべき拡大市参事会（大市参事会）を召集し、その議決を経て、都市共同体としての宗教改革導入が決定された。

カトリックを認めたからペストが流行った？

一方、カトリックを堅持した都市も、市政府のもとで、都市共同体としてのカトリック維持に固執した。

シュヴェービシュ・グミュントでは、数珠《じゅず》がカトリックの証であり、同時に都市共同体への所属のしるしとなった。すべての市民は、数珠を身分証明書のように常に携行することを義務づけられたし、市参事会員は、いかなる会議のときでも数珠を手にもたなければならなかった。オッフェンブルクでは、市民の間に宗教改革への動きがあらわれたことを警戒して、一五六〇年に市政府が次のような教会規則を布告した。「ひとりであれ、数人であれ、我々〔カトリック〕のキリスト教的規則に不平をとなえ、それだけでなく、故意かつ不当に〔当市以外の〕他の場所で〔宗教改革派〕教会の秘蹟を受ける者がある場合には、彼らは現在の生活においてこの都市から分離しているのだから、死後にも安息をその場所に求め、われわれの墓地からは分離され、締め出されるべきである」。これは、宗教改革の支持者を、カトリック共同体である都市オッフェンブルクから排除するという宣言である。

数珠をもつ当時の庶民

また、宗教改革派になっていた都市ロイトリンゲンは一五四八年、カトリックを支持する皇帝カール五世に強制されて、宗教改革派だけでなくカトリックの信仰も公認する内容の『仮信条協定』を一時的に受け入れることになったが、まもなく、近郊のブドウ畑が一面に霜枯れする被害をうけた。すると多くの市民から「この災害は、市政府が『仮信条協定』を受け入れて、都市共同体の信仰統一を乱したことに対する神の罰であるから、これをすぐに破棄せよ」という要求が出た。ロイトリンゲンは、ブドウから作るワインを重要な産物としていたから、ことは重大であった。

やはり、『仮信条協定』を受け入れて、カトリックを容認した宗教改革派都市エスリンゲンでは、受け入れから十五年を経た一五六四年に、伝染病のペストが猛威をふるった。そのとき、市内の宗教改革派聖職者たちは「ペストは、都市共同体が『仮信条協定』を破棄しなかったことに対する神の罰だ」というプロパガンダを展開した。これに対して市政府は、『仮信条協定』を一度は受け入れたがすぐに破棄してカトリックを否定したニュルンベルクやハイデルベルクでもこの疫病が流行っている、と反論したそうである。

これらの諸例が示すように、十六世紀は、自由な個人的信仰はあり得ない時期であった。宗派と都市共同体に付随する時代の心性のそのようなあり方を考えるならば、この時期に、カトリックと宗教改革派の併存体制を強いられた都市とその住民が歩まねばならなかった道は、われわれが想像する以上に厳しいことが予測される。次章以下に、その実際の様子をみてみたい。

第九章　教会施設は二宗派共同利用で

今も共同で使われる聖ウルリヒ教会

アウクスブルクは祝日が多い

十六世紀後半に、カトリックと宗教改革派の併存体制をとった帝国自由都市の代表格にあたるのが、アウクスブルクである。この時期、アウクスブルクは、全ヨーロッパ的規模の大金融資本、フッガー家やヴェルザー家を擁する経済の一大中心地であり、南ドイツ屈指の都市規模を誇っていた。さらに、皇帝と領邦君主たちの全体会議である帝国議会がしばしば開催され、ドイツ政治の主要な舞台ともなっていた。前章でふれた『アウクスブルクの宗教和議』の名称は、この町がこの協定の締結地であったことに由来している。

市は一五三四年に、都市住民多数派の要求に応じる形で、都市共同体としての宗教改革導入を決定した。しかし一五四七年、ドイツ最初の宗教戦争であるシュマルカルデン戦争で、カトリック陣営の皇帝カール五世が勝利を収めると、市政府は、市の政治的自律性を守るための外交政策上の判断から、一五四八年に二宗派の併存体制へと軌道修正を行った。この体制は、まもなく一五五五年の『宗教和議』の特例条項で保障されることになった。その後アウクスブルクは、十七世紀の三〇年代にはいって、三十年戦争時の占領軍により三度、一時的に単一宗派体制を余儀なくされたことがあったが、一六四八年の『ヴェストファーレンの講和（ウェストファリア条約）』で、改めて二宗派併存体制を保障されて現在に

17世紀前半のアウクスブルク

至っている。もちろん近代以降、カトリックと宗教改革派だけでなく、あらゆる宗教と宗派は自由になったが、複数宗派併存の公的体制としては、四百五十年余の歴史をもっていることになる。

今日、アウクスブルクは、『宗教和議』の成立と先駆的な二宗派併存体制の導入を記念して、八月八日を「平和記念日」と名づけ、この町だけの法定祝日としている。十六世紀の半ばに複数宗派の存在を公認し、その体制を現代まで守り続けてきた事実は、宗教的寛容の歴史における世界史的功績といえるが、宣伝活動が不足しているのか、一般にはあまり知られていないようである。アウクスブルクは、現在のドイツ観光旅行のメインルートともいうべき「ロマンティック街道」沿いに位置しているので、毎日多くの観光客の姿が見られるが、不幸にして、この平和記念日にこの町を訪れたひとびとは、商店がどこも閉まっているのでとまどうことになる（最近では議論もおこっているが、ドイツでは、日曜日と祝日は閉店日である)。

なお、八月八日は『宗教和議』成立の日ではなく、三十年戦争のさなかの一六三〇年に、カトリック陣営の皇帝フェルディナント二世の圧力で二宗派共存が一時的に中断させられた「痛みの日」である。

聖ウルリヒ教会は共同使用

さて、十六世紀に戻りたい。カトリックと宗教改革派の間で起こったもめごとの火種のひとつは、二宗派による教会施設の共同使用であった。アウクスブルクでは、一五四八年の併存体制導入のときに、市内の教会をカトリックと宗教改革派にそれぞれ分配したが、それまでの経緯から、どちらか一方に割り当てるのがむずかしかった三つの教会については、二宗派で共同使用することが決められた。

そのひとつである聖ウルリヒ教会については、史料も整っているので、共同使用の実情を時期を追いながらたどっていきたい。左頁の写真のように、この教会の建物配置は変則的で、ひとつの敷地内に大小ふたつの聖堂が、壁を共用しながら直角にくっついた形になっていた。二宗派併存体制の採用にあたって、主教会堂と呼ばれる大きい方の建物をカトリックが使用し、説教会堂と呼ばれる小さい方の建物を宗教改革派が使用することになった。大きさ、立派さの点ではカトリックが得をしているが、それは従来からの行きがかりが関係しているようである。いずれにせよ、全く同一の建物を共用するわけではないが、両宗派の教会堂は壁ひとつを隔てているだけであり、また、鐘楼など、必要な設備には共用しなければならないものがあった。

共同使用がはじまったその月、一五四八年八月に、宗教改革派の信徒たちが市政府に、彼らの説教会堂には説教壇がなく、儀式の時刻を知らせる鐘がないので善処してほしいと願い出た。説教会堂にはもともと鐘楼はなかったが、説教壇は、共同使用がはじまるときのどさくさにまぎれて、カトリック側が持ち出してしまったようである。当時の市政府はカトリックが優勢であったが、この願いを妥当と判断して、聖ウルリヒ教会のカトリック聖職者に次のような指導文書を与えた。

現在の聖ウルリヒ教会（中央前面が宗教改革派の説教会堂、背後がカトリックの主教会堂）

「〔宗教改革派の〕信徒代表が〔カトリックの〕主教会堂にある説教壇のひとつを取り外して、それを〔宗教改革派の〕説教会堂に設置することに同意すべきである。また［宗教改革派が］時を打って、説教の時刻を知らせることができるように、その信徒代表が主教会堂の建物に入る鍵をもつことを承認すべきである」

これに対してカトリック側は、説教壇の提供には同意したが、合い鍵の引き渡しには難色を示した。そこで、宗教改革派は再び市政府に苦情を申し立てた。市政府が再度、指導と説得を行い、その結果、カトリック側はしぶしぶ合い鍵の引き渡しを承知した。この事件は、教会の共同使用が前途多難であることを予感させた。すなわちカトリック側にすれば、中世以来ずっと自分たちの施設であった聖ウルリヒ教会は、宗教改革体制の十余年間、不当にも「異端の輩《やから》」である宗教改革派に占拠されていたが、今回ようやく、一部を残してこれを取り戻したというのが偽らざる心境であった。一方、宗教改革派は、信仰の真実を明らかにした宗教改革により、当然のこととしてこの教会を自らのものとしたが、今回市政府の決定にしたがって、やむをえずその大部分を「瀆神《とくしん》の徒」であるカトリック側に譲るはめになったと感じていた。

スペイン軍兵士の狼藉

二年後の一五五〇年八月、カトリック側の不満が一時的に爆発した。当時、アウクスブルクで、神聖ローマ帝国ドイツの諸侯会議である帝国議会が開催され、市内は諸侯の随臣たちや警護の兵士たちでごった返していた。事件を起こしたのは、皇帝カール五世の子フェリペを警備して入市していたカトリックのスペイン軍兵士たちである。宗教改革派の夕刻の礼拝が終わったとき、カトリック聖職者が手引きしたらしく、スペイン軍兵士たちは宗教改革派の説教会堂に乱入し、破壊と略奪を行った。当時のアウクスブルクの年代記を著したパウル・マイアは、その様子を次のように書いている。

「彼ら〔兵士たち〕はまず、説教壇と、信徒が説教を聴くときに座る長椅子を破壊した。それから彼らは、扉や窓を打ち破り、また、説教壇にかける飾り布や、洗礼に用いる布を納めてある長持ちや、貧しい人々のための献金箱とその金庫を叩きこわした。そのありさまは、ずっと以前、強風と天候不順の年に、暴徒たちが説教会堂を襲ったとき〔引用者註。いつのことか不明〕と同じであった。こうして、説教会堂にあったあらゆるものが破壊され、外に投げ出されてしまった」

それだけでなく、兵士たちは、事件を聞きつけて集まってきたカトリックの聖職者と信徒たちが喝采を送るなかで、すぐ近くにあった宗教改革派の牧師ダハザーの家も襲った。

市政府は、皇帝側の出方をうかがい、暴徒の制止に乗りだすことを躊躇《ちゅうちょ》していた。結局、翌日になって、来市していた皇帝付きの司法官が収拾に乗りだし、首謀者たちが逮捕されたが、数日で釈放された。こわされた建物や設備の修復には、宗教改革派側の苦情申し立てをいれて、市政府が財政援助をすることになった。しかし、修復工事の間にも、カトリック側の小さな妨害やいやがらせが続いたという。

礼拝堂の改修は許さない

その後、一五五五年の『宗教和議』成立から七〇年代末までの四半世紀は、市内全体でも、聖ウルリヒ教会についても、比較的平穏な時期が続いた。しかし、八〇年代にはいると、アウクスブルクに地盤を築きつつあったカトリックのイエズス修道会が、カトリック市民に対する宣伝と教化、そして、宗教改革派市民に対する再改宗の説得活動を活発化させはじめた。宗教改革派もこれを自分たちに対する反攻ととらえ、神経を尖《とが》らせるようになった。そのような市中の状況を受けて、聖ウルリヒ教会でも両宗派の対立がふたたび顕在化し、それはしばしば感情的な展開をたどるようになった。

一五八九年に、金融業や鉱山業で莫大な財産を築いていた都市貴族フッガー家の当主アントンが、主教会堂の内部にある聖バルトロメウス礼拝堂にいくつかの常灯明を寄進することを申し出た。アントンはカトリック信仰であり、また、フッガー家は古くから聖ウルリヒ教会の有力な檀家であった。カトリックの聖職者はこの寄進を喜んで受け入れようとしたが、すぐにことは簡単には運ばないことがわかった。寄進の常灯明を礼拝堂内に設置するには、礼拝堂の天井を高くする改修工事が必要であったが、礼拝堂のすぐ外側には宗教改革派の説教会堂があり、その屋根が一部分、礼拝堂の屋根を覆っていたので、その改修も不可欠になるのだった。カトリック側はとりあえず、説教会堂の屋根の改装工事を含めた常灯明設置の工事計画を立てはじめたが、どこからかこれを聞きつけた宗教改革派が、さっそく計画撤回の要求を市政府に提出した。

市政府の照会に対してカトリック側は、「共同使用を定めた一五四八年の取り決めによれば、宗教改革派が説教会堂を使用してはいるが、その所有権はカトリック側に属するのであって、工事施工に何の問題もない」という内容の抗弁文書を送り届けた。それが四八年協定の妥当な解釈であるかどうかは、史料の不足のため確認できない。しかし、宗教改革派はこの論拠に対して、説教会堂は一四五七年に「地区住民の発意と寄金に基づいて」建立されたのであるから、もともと地区住民に所属する施設であり、したがって、今や住民の多数派となっている宗教改革派の主張が認められるべきだと反論した。実際、聖ウルリヒ教会周辺の地区に、宗教改革派のひとびとが多かったことは確かなようである。

その後も両宗派の間でこのような水かけ論的なやりとりが続き、やっと一五九三年になって、市政府の調停が成立した。改修工事は、市政府が選定した職人たちを用いて、聖バルトロメウス礼拝堂についてはカトリック側の監督のもとで、説教会堂については宗教改革派側の監督のもとで、施工するという内容である。

今回の対立点は、一見他愛のない問題のようだが、両宗派の当事者たちにとっては放置すべからざる重大事だったようである。そしてこの紛争は、施設内の建物と地所の所有権という問題を、表面に引き出してしまった。史料で確認されるかぎりであるが、その後、一六〇二年には聖バルトロメウス礼拝堂の床改修工事をめぐって、一六〇三年にはやはり説教会堂に隣接する聖ヤコプ礼拝堂の回廊に掲げてあった聖ヤコプの画像をめぐって、一六〇九年には宗教改革派が説教会堂の外装を改修したときに傷つけた聖アフラ像の処置をめぐって（この二件は聖画像をめぐる対立でもある）、二四年には聖ヤコプ礼拝堂の洗礼堂に通じる回廊の開閉をめぐって、二六年には説教会堂の二階聖歌隊席に通じる外階段の更新工事をめぐってと、施設の各所について所有権をめぐる対立が続いた。

中庭は救貧の場所か

なかでも紛糾し長期化したのは、説教会堂の傍《かたわ》らにあったフライト・キルヒホーフと呼ばれる中庭の使用をめぐる争いであった。一五九九年六月、宗教改革派は、カトリック側が中庭に沢山の放浪者を滞在させているという苦情を市政府に提出した。カトリック側が「ありとあらゆる種類の卑しいひとびとを交えた多くの放浪の物乞い人たちを、中庭に招き入れただけでなく、これらのひとびとを保護し、扶養し、擁護した」ので、彼らはそこを住みかとするようになり、「ついには、そこは犯罪、不品行、不道徳、破廉恥、そして瀆神《とくしん》の巣窟と化してしまった」という内容である。

この苦情には、中庭の所有権問題にくわえて、物乞い活動に対する両宗派の考え方の違いも関係していた。カトリック教会は中世以来、清貧生活と隣人愛の理念から物乞い活動に寛容で、しばしばそのようなひとびとに食事や生活必需品を施していたし、また、貧しいひとに喜捨を行うことは死後の救済に役立つと教えていた。一方、宗教改革派は、ひとは自らの職業をもってそれに専念すべきであり、物乞いは修道士と同様に、神の意思にそぐわない身の立て方であると考えていた。つまり、カトリック教会にすれば、放浪者を中庭で保護することは信仰上の善行であり功績であったが、宗教改革派からみれば、それは神の教えと対立する行為だったことになる。

このとき、宗教改革派は気がはやったのであろうか、苦情に対する市政府の回答を待たずに、檀家代表のエーインガーの指揮のもと、自分たちの手で強引に放浪者たちを中庭から追い出してしまった。これをみたカトリック側は、中庭の所有権はカトリックにあるのだから、宗教改革派の重大な越権行為であると抗議した。宗教改革派も、中庭とそれに続く菜園は従来から「市民たちの中庭であり、神の菜園であった」と応酬した。説教会堂と同じく中庭も住民のものであり、したがって、今や住民の多数派となった宗教改革派の意向が優先されるべきという論理である。

説教の邪魔をする「新大陸産の鳥」

翌一六〇〇年八月になって、市政府が調停に乗りだし、その結果、当座の処置として放浪者たちは中庭から締め出されることになった。しかし、双方に感情的なしこりが残ったようである。同年九月に、嫌がらせ行為に関する苦情が、宗教改革派から市政府に提出された。それによれば、ベッカーガッセ通りに住むマルガレート・コーレリンというカトリックの市民が、カトリック聖職者の同意を得た上で、「彼女の所有する新大陸産の鳥」を中庭で放し飼いにしているだけでなく、「この前の木曜日には、説教会堂で〔宗教改革派の〕夕刻の説教が行われていたときに、中庭の説教会堂に面した方向にこの鳥を追い立てて」説教を妨害しようとしたという。この鳥がどのような種類で、また、どのようなルートで市に持ち込まれたのかは興味深いところであるが、史料からはわからない。しかし、すでにアメリカ大陸との交易活動は恒常化しており、アウクスブルクはヨーロッパ経済の要となっていたから、市民のなかに、珍しい新大陸の動物を飼っている者がいてもおかしくはない。いずれにせよ、この鳥は、説教の邪魔になるような鳴き声の持ち主だったようである。

　また、一六一二年には、中庭で二名の赤ん坊が置き去りにされているのが発見され、彼らの養育義務について、カトリックと宗教改革派そして市政府を交えた論争が続いた。

　結局、中庭をめぐる対立は、最初の苦情から十七年の時を経た一六一六年にやっと一段落した。この年、市政府とカトリック側との間で、次のような調停の協定が成立した。

「聖ウルリヒ教会は、その福音主義派〔=宗教改革派。彼らは聖書を通じてえられる神の福音を重視したので、福音主義派と呼ばれることもある〕の檀家代表たちと共同の経費負担によって、諸聖人礼拝堂と福音主義派の説教会堂との間に、〔中庭への通行を閉めきる〕壁付きのアーチ回廊と、〔中庭に通じる〕門扉を建築させる。そして、説教会堂側のひとびと〔=宗教改革派〕の不便とならないように、その門扉の鍵を

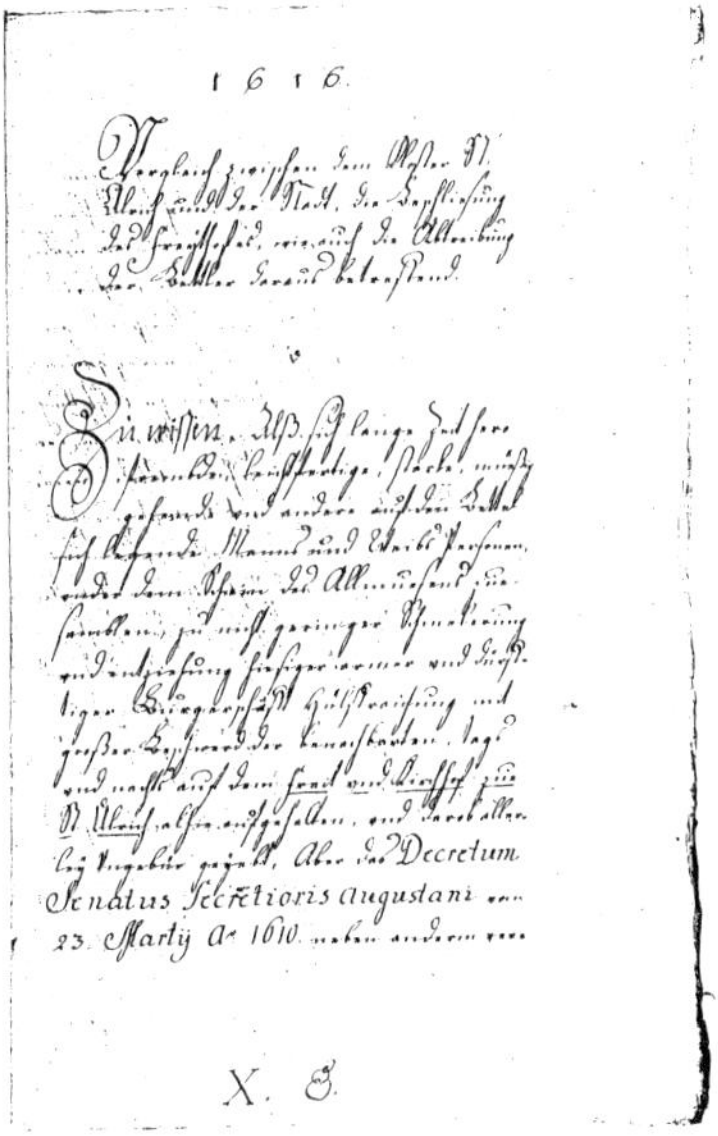

『1616年協定』の控え文書（アウクスブルク市文書館）

両宗派で共有する。具体的には、教会の用務員が［鍵を預かり］、アヴェ・マリアの鐘にあわせて夜間は門扉を閉じ、朝になると開けねばならない。

そして、アウクスブルクの市参事会［＝市政府］は、必要に応じて、市が任命し、俸給を払う要員を雇って、教会にとって何の役にも立たず、不道徳の疑いのある放浪人たちを収監し、市外追放にする権利を有する……」

以上の他に、今後、教会施設内で置き去りの赤ん坊が見つかった場合には、しかるべき告示を行い、それでも親や養育者が見つからなければ、市内の孤児養育院に引きとらせることが決められていた。

中庭問題にはもう少し後日談がある。カトリック側がいじわるをして、その後もしばしば鍵をもつ用務員に強制して、中庭に通じる門扉を一日中閉じたままにさせることがあった。そこで翌年、市政府が強く指導して、宗教改革派も独自に合い鍵を所有することになった。ただし、この時点で、所有権の問題が決着をみたわけではなかった。

『ヴェストファーレンの講和』で最終的決着

最終的な解決は、さらに三十余年後、三十年戦争を終結させた一六四八年の『ヴェストファーレンの講和』まで待たねばならなかった。この講和条約は、ヨーロッパ全体の国際関係の確定からはじまって、ドイツの二宗派併存都市のことまで、多岐にわたる内容をもっている。その規定にしたがって、アウクスブルクの宗教改革派は、ついに説教会堂とその「あらゆる付属施設」の所有権を獲得した。所有権を含めて、聖ウルリヒ教会をカトリックと宗教改革派が分割所有する体制は今日も続いている。また、聖ウルリヒ教会の外観は、十七世紀以降にバロック様式に改装されたが、建物の基本的な構造と配置は現在も十六世紀当時と同じである。前述の八月八日の「平和記念日」には、ここで記念のミサと市の祝典が行われている。

一共同体には一宗派という観念が自明の理であった時代に、信仰の最も重要な場である教会を異なる宗派のひとびとと共用することは、現代人の想像を超えたストレスがあったはずである。しかし、聖ウルリヒ教会の共同使用は、もめごとを繰り返しながらも、なんとか維持された。成功の理由は、様々な要因とその組み合わせに求められるべきであろうが、なかでも注目すべきは、抗争に対する市政府の迅速かつ両宗派に公平な調停である。しかし、前述したように、時代は、「宗教的寛容」の理念がいまだに数少ない知識人の荒野に呼ばわる声でしかなかった十六、十七世紀であり、市政府の指導者のなかにそのような理念の持ち主がいたことは確認されていない。

むしろ、アウクスブルクをはじめとする当時の帝国自由都市のいくつかは、しばしばドイツの諸侯の全体会議である帝国議会の会場を提供していたので、政治世界の現実、そしてその表裏に接する機会をもっていた。市政府の政権担当者たちは、そこから学び取った冷静で現実主義的な世界観を、伝統的な「一共同体＝一宗派」観念に優先させることができたように思われる。

そのような思考様式の芽生えは、伝統的思考の枠組みに対抗する形で宗教改革が産みだした「意図せぬ副産物」といえよう。というのは、宗教改革派もカトリックと同様に、当然、自分たちの意図としては自信仰による「一共同体＝一宗派」を求めていたが、相譲らぬ宗派対立の妥協的結果として、「一共同体＝複数宗派」の現実が現れたからである。

十六世紀の後半、二十ほどの帝国自由都市がカトリックと宗教改革派の併存体制を導入したと述べたが、それらの都市のいくつかでも、ひとつの教会をカトリックと宗教改革派が共同使用する体制が続いていたことが知られている。ビーベラハの聖マルティン教会、ラーヴェンスブルクのカルメル修道会教会、エアフルトの聖母マリア教会、そして、アウクスブルクのもう二つの教会、聖ゲオルク教会と聖十字架教会などがその例である。したがって、聖ウルリヒ教会が特異な例というわけではない。

第十章　宗派が異なる男女の結婚

アウクスブルク市有力者階層のパーティ（1500年ごろ）

結婚手続きと秘蹟

中世の間、結婚はカトリック教会が承認し、統制する行為であり、したがって、民衆にとって結婚式は自らの信仰を確認する機会ともなっていた。しかし、宗教改革は民衆の結婚手続きにも変革をもたらした。さらに、カトリックと宗教改革派の双方が認められていた二宗派併存体制の都市では、当然、宗派を越える結婚を願うカップルがあらわれ、それが時折問題となった。

この章では、宗教改革が一般のひとびとの結婚をどのように変えたか、そして、アウクスブルク市を材料に、宗派が異なる男女の結婚がどのように扱われたかをみてみよう。

宗派を越える結婚が周囲の反対や反発を買いかねないことは、当然予測されるが、同時に、その法的手続きのうえでの困難があった。キリスト教社会では、信徒が必ず聖職者に執り行ってもらわねばならない秘蹟(聖礼典、サクラメント)という儀式があり、婚姻の儀式もそのひとつであったからである。厳密にいうと、カトリック教会は婚姻を秘蹟として存続させたが、宗教改革派はこれを秘蹟から除外してしまった。したがって宗教改革派は、論理的また法的には、婚姻の儀式を聖職者に執り行ってもらう必要はないが、社会通念としては、相変わらず聖職者が取り持つ婚姻の儀式なくしてその結婚は成立したとはみなされなかった。すなわち、カトリックも宗教改革派も、聖職者による婚姻の秘蹟あるいはそれに代わる婚姻の儀式を受けないと、その結婚は世の中で認められないというのが当時のひとびとの考えであった。

なお、現在の日本語で「秘蹟」はカトリックの用語であり、「聖礼典」は宗教改革派の用語である。一般的に用いる場合は、「サクラメント」といわれることが多い。ここでは、さしあたりカトリックの婚姻に関することがらであるので、秘蹟と表現しておく。また、秘蹟を「儀式」と書くのは不適切な面もあるが、他に適切な用語が見つからないので、これを使用する。

さて、以上のような教会上の手続きが必要であったから、宗派が異なる男女が結婚しようとすると、どちらの宗派の聖職者に婚姻の儀式を執り行ってもらうかという問題が生じるし、また、はたして、異なる宗派の婚約者との婚姻の儀式を、聖職者がやってくれるものかどうかが疑問となりえた。

当時の結婚手続きと、それに関係する社会慣習を考えるためには、ひととおり、秘蹟とその意味についての知識を得ておきたい。中世から本書が対象とする時代のカトリック教会の場合をとりあげると、秘蹟は、(1)洗礼、(2)堅振（堅信）、(3)婚姻、(4)終油（病者の塗油）、(5)告解（罪の許し）、(6)聖餐（聖体）、(7)叙階の七種類であった。

最後の(7)叙階は聖職者になる儀式、あるいは聖職者が「昇進」する儀式であるから、一般の信徒とは関係がない。(5)告解は、聖職者の前で日頃の罪や過ちを告白し、神にその許しをとりなしてもらう行為である。(6)聖餐については、教義上の意味を簡単に説明することがむずかしいので、パン（聖餅）とワインを用いた儀式とだけいっておきたい（もっとも、パンといっても、パン種がはいっていないのでせんべい状である）。告解と聖餐のふたつは、受ける回数が多ければ多いほどよいとされている。

これらに対して、一般の信徒が、キリスト教徒として一生に一度ずつ受けねばならないのが、(1)から(4)の秘蹟である。(1)洗礼は、キリスト教徒になる儀式なので当人の決意が肝要だが、当時のヨーロッパは基本的にキリスト教だけの社会であったから、子どもが生まれるとすぐに（赤ん坊の意向とは関係なく）、洗礼の儀式を受けさせた。したがって、当時は洗礼が誕生の儀式となっていた。(2)堅振は、だいたい十歳過ぎに受ける儀式で、キリスト教徒としての自覚を確認する意味をもっていた。誕生時の洗礼が赤ん坊当人の意向とは無関係に行われたことを、これで補う目的がある。

神父さんはものわかりのよいおじさんか

(3)の婚姻が、結婚の秘蹟である。ということは、カトリック教会では、結婚に神の承認が必要ということになる。例えば、ロミオとジュリエットの話を思い出していただきたい。二人は、家同士が仲違いしていたので、駆け落ちをして、以前からふたりの相談役になっていた神父（司祭）のもとで密かに結婚式をあげる。あの神父は、単なる若者の味方のものわかりのよいおじさんではなく、婚姻の秘蹟を授けるという重要な役割をもつ聖職者である。彼がいないことには、ふたりの結婚は神の承認が得られたことにならず、そのことは、ふたりの死後の救済にも関係してくるのである。

そして、⑷の終油は、ひとが、死ぬこともありうる状況あるいは死を前にして、生への回復意志または死への覚悟を確固たるものにする機会である。しかし、本書の時代では、ダイレクトに死への旅路の儀式と受けとめられていた。聖職者が与える慰めと神へのとりなしを受けて、信徒は死におもむくことになった。日本では、江戸時代の制度のなごりで、お坊さんの出番は、ひとが死んだ後であって、危篤の際にあらわれると、縁起でもないと言われかねない。しかし、ひとが最も悩み、精神的に苦しむのは死の直前であろうから、終油の制度は理にかなっているといえよう。近年、日本の仏教界にも、死に直面しているひとのところに出かけていく動きが盛んである。なお、終油の秘蹟を受けたのに回復した場合は、その秘蹟は無効となる。再び死に直面したときに、改めて受け直せばよいことになっている。

このように、当時のカトリック教会は、現在、国家が行っているのとちょうど同じように、民衆のライフサイクルの節目を管理していたことになる。とりわけ結婚に関しては、教会裁判権という権限のもとに、婚姻の秘蹟の執行だけでなく、離婚の危機や子供の養育など、結婚から派生する様々な問題の裁定を教会が行ってきた。前述のように、宗教改革派は婚姻を聖礼典（秘蹟）から除外したが、それでも実質的には、ひとびとの生活の節目を管理することをやめたわけではなかった。なお、今日、宗教改革派のほとんどは、洗礼と聖餐の二種だけを聖礼典としている。

都市政府も民衆の結婚の管理権を掌握

しかし一方で、中世後期以来の都市では、都市政府が市内の秩序を維持し、市民生活を統制するために、結婚に関する実質上の権限をできるかぎり教会から切り離し、自らの手中に収める努力を続けていた。その意味で、都市住民の信仰生活のすべてをカトリック教会から切り離すことになる宗教改革は、都市政府に絶好の口実と機会を与えたことになる。さらに、宗教改革派の理論は、世俗の政府権力が宗教改革の諸業務を司掌《ししょう》することを認めていたので、宗教改革を導入した都市の政府は、その理論を根拠として結婚裁判所という政府機関を創設し、市民の結婚とそれに関する諸問題を自らの法的権限下に置くこと

当時のアウクスブルク市庁舎（左側手前）

ができた。この時期に、宗教改革派の都市では、ほとんど例外なく結婚裁判所が設置されている。

アウクスブルクは、一五三四年から四八年までの期間、都市として宗教改革派になったので、その間の事情は他の宗教改革派都市と同じであった。中世以来、住民の結婚問題をつかさどる権限を持っていたのは、市および近郊を管轄区域とするカトリック教会地域組織の長、アウクスブルク司教であったが、宗教改革導入に伴い、彼の権限は消滅した。かわって、政府機関としての都市結婚裁判所が創設され、市政府は、宗教的儀式の執行を除いて、市民の結婚に関するすべての権限を手に入れた。結婚する男女は、都市結婚裁判所で市民としての法的手続きをすませ、その後、教会で宗教的手続きを行うという仕組みである。

しかし、アウクスブルクでは、一五四八年に二宗派の併存体制が成立すると、都市結婚裁判所は廃止されることになった。それ以降、カトリック市民の結婚問題は、カトリックであるアウクスブルク司教が司掌し、宗教改革派市民の結婚問題は、宗教改革派聖職者の市内組織である「聖職者団」の手に委ねられることになった。結婚問題についても二宗派併存体制が貫徹されたことになる。

もっとも、市政府も、いったん手に入れた権限をすべて放棄するほどおろかではなかった。市政府は、市内の秩序維持、市民の義務という観点から、独自に結婚に関する諸条件の立法化を進めるとともに、それにしたがって、結婚には市政府部局である結婚問題課の承認が必要であるという婚姻認可制を、アウクスブルク司教と宗教改革派聖職者団の双方に承認させることに成功した。以降、市政府は彼らと協調しながら、結婚問題の統制に関与し続けた。

そのような都市条例の全貌は明らかではないが、例えば、一五五三年の市条例『治安・執行規定』には、「結婚のとき、必ずカトリックあるいは宗教改革派の聖職者による秘蹟あるいはそれに代わる儀式を受けること」「一定の財産を所有しない者は結婚できないこと」「市民の娘と結婚する者は、市民権を持っているか、持っていない場合は結婚後市外に移住しなければならないこと」などが定められていた。また、一五八一年の『婚姻規定』では、「華美に過ぎる披露宴が多いので自粛すべきこと」「キリスト教の精進の期間である四旬節の期間には結婚式を行ってはならないこと」などと並んで、「結婚したい当事者たちは、まず市政府の結婚問題課に出頭して、自分の身分、財産、親族の同意を明らかにすること」「次に自分の宗派の聖職者のもとに行き、結婚問題課が発行した結婚認可証を提示した上で婚姻の秘蹟あるいはそれにかわる儀式を受けること」など、結婚成立のための手続きが確定された。

宗派が違っても結婚できる

このような制度のもとでは、宗派が異なる男女の結婚も原則的に可能であった。市の法規定からいえば、そのような結婚を禁止する措置がとられたのは、三十年戦争の余波を受けて市政府体制が不安定であった一時期、一六三五年から四九年までの十五年間だけであり、それまでのほぼ九十年間は、これを禁止する法令はなかった。しかし、市民生活に関する一般的な法律を援用して市政府が干渉したり、結婚の儀式に際して、両宗派の聖職者が首を縦に振らない事態は起こりえた。

二宗派併存体制がはじまった一五四八年から、『ヴェストファーレンの講和』が締結された一六四八年までの百年間について、アウクスブルク市文書館で、関連する記録文書を通覧したヴァルムブルンによると、この問題についての記録は、一六一八年の三十年戦争勃発までは極めてわずかしか見いだせないが、それ以降の時期になると急増しているという。その事実は、いうまでもなく、三十年戦争までは宗派の異なる結婚がなかったということではなく、いつの時期にもあったが、問題なく承認されていたと解釈すべきである。当然のことは誰も記録に書き残さないのが普通だからである。そのことを念頭に置きながら、市政府の記録に残っているいくつかの具体的な事例を紹介しよう。

なお、近世ヨーロッパの結婚の実情を調べるときには、教会に残された婚姻の秘蹟執行あるいはそのような儀式についての記録帳簿を用いるのが一般的である。しかし、残念ながらアウクスブルクの場合はそれらが膨大な量にのぼり、一方、記録の散逸も甚だしいために、この面からの研究は進んでいない。

二回も異宗派の女と結婚したゲオルク

まず、結婚が成立した一五七五年の例。ゲオルク・ホフシュテッターという男はカトリックであったが、最初に結婚した妻と、彼らの間に生まれた九人の子供たちは宗教改革派であった。この妻と死別した後の一五七五年、彼は、やはり宗教改革派であるレギーナ・

ヴァイマーティンという女と再婚しようとしていた。彼がなぜ、二度までも宗派の異なる配偶者を得ようとしたのかは興味深いが、そこまではわからない。この再婚の申請を受けた市の結婚問題課は、さすがに少し心配をしたようであり、詳細な記録を残している。しかし、次のような指導文書をふたりに与えただけで、彼らの結婚を認めた。

「……それゆえ、彼、ホフシュテッターは、彼の［新しい］妻であるレギーナ・ヴァイマーティン、そして、彼の以前の妻との間に生まれ、今後はヴァイマーティンが世話を引き継ぐ子供たちが、彼らのキリスト教信仰［＝宗教改革派］を信仰し、彼らの教会に通うことに関して、いかなる場合にも妨害せず、感化を与えず、また、苦痛を与えずにおかねばならない。反対に、ヴァイマーティンと子供たちは、ホフシュテッターが、彼の［カトリックの］信仰と良心において神の前に立ち、至福の救済に至る努力を重ねるのを妨害したり、混乱させてはならない。さらに、彼らは、結婚して家庭生活をおくるときに、友好的な愛情と平和のうちに、また、全能の神への畏怖において、互いに善良に、信頼をもって暮らしていかねばならない。双方のいずれも、激情や宗派のゆえに、他方と対立し、暴力を行使することがあってはならない」

現代でも、十分に通用する的確な指導文書である。すなわち、結婚と宗旨を区別して考えても不都合はないとする立場からの指導である。

彼らが婚姻の秘蹟や儀式を両方の教会で受けたのか、親族や周囲の人々がどう反応したのかなどは、明らかではない。いずれにせよ、ホフシュテッターはこの時期に、二度にわたって宗派の異なる女との結婚を成立させたことになる。さすがに世間の注目を集めたのであろうが、結局、当時は、これにさしたる困難はなかったと考えられる。

宗旨を偽って結婚したハンスとマリア

しかし、一六二四年には、申請に事実と反することがらがあったという理由で、結婚を市政府に拒否されるケースもあった。当時はイエズス修道会のカトリック拡大活動が活発化し、次章で説明するグレゴリウス暦採用紛争を経た時期であり、すでに三十年戦争もはじまっていたので、市内には宗派をめぐる緊張があったようである。

この年、宗教改革派の男ハンス・プレッツェラーは、市に接するバイエルン領邦の生まれで、アウクスブルクに住み込みで働いていたカトリックの女マリアと結婚する決意を固めたが、市政府の結婚問題課はあれこれと口実をつけて、いっこうに結婚許可証を発行しなかった。そこで、業を煮やした彼らは、とりあえず教会におもむくことにした。まず、宗教改革派の教会で結婚式を執り行ってもらい、引き続いてその教会で行われた礼拝に出席した。宗教改革派の聖職者は、むずかしいことは言わなかったことになる。これでハンスとしては結婚成立であるが、次はマリアのために、二人でカトリックの教会に行き、婚姻の秘蹟を授かろうとした。しかし、こちらの聖職者は、市政府の結婚許可証がないことを理由にこれを拒否した。

その後も、市政府が許可証の発行を渋るので、ハンスは市内のイエズス修道会のとりなしのもとに、マリアの故郷であるカトリックのバイエルン大公領邦の官庁に結婚許可証の発行を願い出たが、これも成功しなかった。しかしその後、奔走のかいあって、ハンスとマリアは、市長ベヒラーと二名の立会人の前で、二人とも本心からカトリックの婚姻の秘蹟を受ける用意があること、つまり、ハンスもカトリックに改宗することを誓約して、結婚許可を得るところまでこぎ着けた。ということは、この時期になると、禁止の法令こそないものの、市政府は、宗派の異なる男女の結婚に極めて慎重だったことになる。

しかし、まもなく、市政府のさらなる事情聴取の結果、意外なことがわかった。ハンスのカトリック改宗は全くの偽装であること、マリアも実は、以前から「自らが成長した環境の信仰である宗教改革派の信徒であることを望んでいる」単なる書類上のカトリックにすぎないことが明らかになった。結局、ふたりは偽証の罪で市外追放となった。

しかし、彼らがなぜ宗派を偽らねばならなかったのかは確定できない。むしろ、ふたりとも宗教改革派であることを告白すれば、ことは簡単だったはずである。マリアの実家は厳しいカトリック政策をとるバイエルン領邦にあったのに、密かに宗教改革派の信仰をもっていたなど、家族、親族や所属身分をめぐる困難な事情があったのだろう。真相はどうあれ、このケースは、二人が外面的には宗派を偽ることがあっても、内面的には自らの宗派に真摯であり続けたこと、そして、当時は、市政府や聖職者たちが宗派対立問題に神経質になりはじめていたことを示している。

改宗者ハンスと旅籠屋の娘

ヨーロッパ史上、最大の宗教戦争である三十年戦争のさなかの一六三五年、アウクスブルクはカトリック軍に占領され、一時的にカトリック単独支配の市政府が成立した。この政府は、宗教改革派市民の市内居住は容認したが、宗派の違う男女の結婚を公的に禁止した。しかし、そのような結婚を望むひとびとは、決してなくならなかったようである。一六三九年の事例では、条件付きでこれが認められた。

イエズス修道会の活動に接して、宗教改革派からカトリックに改宗していたハンス・シユースターは、旅館経営者セバスティアン・ディレンの娘である宗教改革派の女との結婚を実現させるために、関係の諸省庁に働きかけを重ねていた。そのかいあって、カトリックのアウクスブルク司教から、妻になる女と、将来生まれるであろう子供たちをカトリックに改宗させるという約束のもとに、結婚の特赦状を得た。さらに彼は、教会でこの結婚式を行えば、両宗派の市民たちの妨害や中傷が不可避であるとして、特別に自宅で結婚式を行いたいという嘆願書を市政府に提出した。市政府ははじめ、一六三五年の法令にしたがってこの結婚そのものを却下したが、結局、司教の特赦状を尊重して、次のような特別の許可証を交付した。

「彼［ハンス］は、カトリック信仰に改宗するために、市内の［カトリックである］フランチエスコ修道会士のもとを訪れ、聖人たちの石碑の前で公にその信仰を宣言し、したがって、異端［である宗教改革派］から解放されて、再びカトリック教会の信徒となった。それゆえ、恵み深きアウクスブルク司教はこれらの事情を理解し、司教の権限により、次のことを承認した。彼［ハンス］と、セバスティアン・ディレンなる旅籠屋の娘で、ルター派［の宗教改革派］である女との結婚は、彼が、彼とこの女との間の将来の子供たちを、カトリック信仰にしたがって教育するのみならず、結婚する妻をも、同様に誠心誠意を尽くして、カトリック信仰に改宗させる努力を惜しまないという条件のもとに、許可される。さらに、教会で公に結婚の秘蹟を受ける場合に危惧される、ひとびとの中傷と非難の行為を避けるために、彼は、彼女とともに、自宅でそれを受けることができる」

こうして結婚したハンスが、妻の改宗に成功したかどうかはわからない。また、この女が恋愛と信仰の関係をどのように考えていたかも不明である。しかし、彼らがなんとしても結婚したかったことは確かであろう。

この結婚が許可された直接の理由は、自らも改宗者であったハンスが、妻と将来の子供たちをカトリックに改宗させると約束したことであるが、それだけではやはり違法行為であった。許可の背景には、イエズス修道会とならんで、市民をカトリックに改宗させる運動を展開していたフランチェスコ修道会とハンスが日頃からコンタクトを保っていた事実があったと考えられる。おそらく、修道会が改宗活動の一環としてアウクスブルク司教に働きかけ、司教ともども、やはりカトリック単独支配の当時の市政府に、結婚承認の圧力をかけたと思われる。

待てなかったマティアスとバルバラ

やはり、異宗派間の結婚を禁止する法令があった一六四一年の事例では、当事者たちは市外追放の処分を受けた。

この年、マティアス・ガイスラーというカトリックの男は、宗教改革派の女バルバラと結婚したいと願っていた。しかし、市政府の結婚問題課が法令にしたがってこれを拒否したため、ふたりは、バルバラの偽装改宗によって事態を乗り切ることを企てた。彼女は宗教改革派の信仰を確信していたが、マティアスの指導のもとにカトリック信仰を学び、その信徒としてカトリック教会の儀礼に何度も出席した後、ついに彼とともに婚姻の秘蹟を受けることに成功した。しかし、「このような偽りの配慮」は、やがてひとびとの知るところとなった。憤慨した市政府は、当事者たちの罪状告白と情状酌量の嘆願にもかかわらず、これを「計画的で悪質な欺瞞と悪意による秘蹟の乱用」として、彼らを市外追放に処した。このケースは、恋愛と信仰の両方に真摯であった男女の悲劇といえようか。そして、結果論ではあるが、あと七年辛抱すれば、三十年戦争の終結によって、市の二宗派併存体制は一層堅固な形で回復され、彼らは晴れて合法的に結婚できたはずであった。

宗教改革は、信徒の結婚に関する権限をカトリック教会から取りあげて、それを宗教改革派教会と世俗政府が共同管理する体制を作った。しかしその後、二宗派併存体制に転じたアウクスブルクでは、結果として、市政府がカトリックおよび宗教改革派と協調しながら、市民の結婚を統制する制度に帰着した。

しかし、十六世紀の民衆の結婚に対する意識という視点に立ったとき、紹介した諸事例だけから時代に特有な民衆の反応を引き出すことはむずかしいように思われる。もちろん、一共同体内に複数宗派のひとびとが暮らすことは、彼らにとって全く新しい体験であったはずだが、異宗派間の結婚をみても、わかっている実情はほとんど非歴史的である。

つまり、いったん二宗派併存体制ができあがってしまえば、そのような結婚を望む男女は絶えることがなかったし、その結婚が認められるかどうかは、結局、宗派対立をめぐる諸情勢の時の運しだいであった。そのかぎりで、地域や国によっては、現代でも同じことが起こりうるはずである。そのことは、恋愛や結婚が、基本的に歴史を越えた人間の生活行為であることとの再確認であろうか。もし、当事者たちとその家族や親族、そして生活環境との関係がいま一歩具体的になれば、当時のひとびとに固有な結婚と宗旨の意識が浮かび上がってくるものと期待される。しかし、現状では、史料の制約が立ちはだかっているようである。

第十一章　グレゴリウス暦への改暦紛争

ルターの説教（左）とカトリックの説教（右）を対比させた銅版画

コペルニクスは大馬鹿者だ

十六世紀の中ごろ近く、コペルニクスが、地動説から太陽系の惑星運動を説明する試みを発表した。意図したことであろうが、彼は、地動説を用いると物理学的にうまく説明できるとしただけで、決して地球が動いているとはいわなかった。おかげで彼は異端の告発をまぬかれたが、社会の反応は冷たかった。

宗教改革者ルターは、もちろんコペルニクス説を一蹴した。弟子たちが書きとめたルターの発言によると、彼はあるとき、次のようにあざわらったという。「それは、ちょうど動いている馬車や船に乗っていながら、自分は止まっていて、大地や樹木の方が動いていくのだと考えるようなものだ。……このようなことがらについても、私は聖書を信じる。すなわち、ヨシュアが止まれと命じたのは大地ではなく、太陽だったのだ」。ヨシュアは、旧約聖書に出てくるモーセの後継者にあたるひとで、旧約聖書の記述によると、彼はある戦争のときに、作戦上の必要から、太陽と月に動かないよう命令した。すると、神がこれを聞き入れて、太陽と月はまる一日動かなかったそうである。

十六世紀になると、自然科学者たちは、科学的合理性にもとづいた思考をある程度確立しはじめていた。しかし彼らは、数からいえば極めて少数であり、大多数の民衆や、ルターをはじめとする非自然科学の学者や知識人たちは、全くそのような思考を欠いていたようである。

ユリウス暦とグレゴリウス暦

それから五十年ほど経った一五八二年に、ローマ法王グレゴリウス十三世がグレゴリウス暦導入の勅書を発布したことが、カトリックと宗教改革派の新たな対立点となった。カトリックは、グレゴリウス暦の速やかな採用を要求し、宗教改革派は、旧来からのユリウス暦の遵守に固執した。しかし、その対立は、自然科学的合理性とはまったくかけはなれた次元で展開された。

いうまでもなく、グレゴリウス暦は、今日我々が使っている暦である。はじめに、ユリウス暦とグレゴリウス暦について、それぞれの成立事情と相違点を確認しておかなければならない。

西ヨーロッパ世界では、古代ローマ時代から十六世紀末まで、ユリウス暦が用いられてきた。これは紀元前四六年に、ユリウス・カエサルがアレクサンドリアの暦法学者たちに命じて作成させた太陽暦で、一年を三六五・二五日としている。つまり、四分の一日の端数があるが、ある一日の途中で年が切り替わるのは不便このうえないから、実際には一年を三六五日としておいて、四年に一度、三六六日のうるう年を挿入する。この改暦によって、カエサルの時代に、それ以前の暦では三ヵ月以上もずれていた暦の日付と実際の季節が、ひとまず一致することになった。しかし現実の一太陽年は、三六五・二五日よりもほんのわずかだけ短いために、地球の実際の公転運動とユリウス暦の間には、一年に約〇・〇〇七八日ずつ、言い換えると一年に十分と少しのずれが生じる。ユリウス暦の採用以来、すでに千六百年を経た十六世紀の後半には、このずれは積もり積もって十日ほどに達していた。

そこで、一五七二年に法王の位についたグレゴリウス十三世は、すでに各方面で議論になっていたこの問題に対処するために、ナポリの天文学者アロイシウス・リリウスが提起していた新しい暦法を検討する委員会を設置した。そして、一五八二年二月に、委員会の答申にしたがって、グレゴリウスは改正暦制定の法王勅書を発布した。これがグレゴリウス暦である。

グレゴリウス暦は、基本的にユリウス暦と同じ考え方に立っているが、現実の太陽年と暦の一年との対応をより正確にするために、従来の四年ごとのうるう年のうち、西暦年数が一〇〇で割り切れるが四〇〇で割り切れない年は平年とするという項目を追加していた。そして法王勅書は、積算された十日のずれを正すために、新暦は、旧暦であるユリウス暦の一五八二年十月四日の翌日から実施し、その日を十月十五日とすることも定めていた。

現代の我々には、ローマ法王庁が暦の改訂を行うのは少し奇異に映る。現代なら、各国の科学技術省のような省庁の提起、あるいは国際的な科学者の会議の提起で改暦を実施することになるであろう。しかし当時の西ヨーロッパでは、信仰、学問など広い意味での文化的なことがらは、ヨーロッパの精神的な普遍権力とみなされていたローマ法王庁の管轄であった。なかでも時刻、月日、季節の司掌は、一般のひとびとの生活と結びついた教会の重要な任務とされていた。今日でも、ヨーロッパを旅すると、街中や村の教会が十五分ごとに鐘を鳴らすのを聞くことができる。それは、今に残るその伝統である。

教会祝日が一ヵ月もずれる

グレゴリウス暦への改訂は、自然科学的に見て合理的な措置であった。しかし、この改暦が、折しもカトリックと宗教改革派が対立していた時期に、カトリック教会の首長にあたるローマ法王から発布されたことは、宗派間紛争の原因となるに十分すぎる事実であった。

とりわけキリスト教会では、教会の祝日の多くが、毎年、四季の区切りの時点から計算し直される仕組みになっているために、祝祭を何日に実施するかという、ひとびとの生活に直接関係する問題が改暦から生じ、ときに深刻な事態を招くことになる。例えば、キリスト教会は四世紀以来、春分の日は三月二十一日に来るべきと定めていたが、十六世紀の当時、ユリウス暦によれば、だいたい三月十一日にあたっていた。それだけならさほど問題ではないかもしれないが、さらに、キリスト教の最大の祝祭日のひとつである復活祭日曜日は、春分のあとの最初の満月の日の直後の日曜日（その満月が日曜日なら、次の日曜日）と定められていた。そして、多くのその他の祝祭日は、この復活祭日曜日を起点に算出して決めることになっていた。

面倒な計算になるが、結果を言うと、グレゴリウス暦とユリウス暦とでは、復活祭日曜日をはじめとする多くの祝祭日が、三年に一度はほとんど一ヵ月間もずれることになる。満月の日が毎年ずれていくからである。

しかし、考えてみれば、実際の季節と暦の日付が十日ほどずれているのは、そのかぎりでは日常生活にほとんど支障はないはずである。それでも、祝祭日が一ヵ月もずれると、さすがに一般のひとびとも季節の不釣り合いを感じることがあったのだろうか。その点では、柳田国男の指摘をはじめしばしば言われてきたように、伝統的に暦による季節の区切りと実際の季節のずれにすっかり慣れきってしまったわれわれ日本人の感性の方が特別なのかもしれない。

法王の勅書には従えない

一五八二年二月に改暦の法王勅書を発布した後、法王グレゴリウス十三世は、各国の君主に個別にその実施を要請した。ドイツとオーストリアについては、その法的な統治者である皇帝ルドルフ二世に改暦実施の要請状を送った。しかしルドルフは、ドイツ、オーストリア地域における宗派間紛争の拡大を恐れて、改暦のための積極的な措置をためらったので、無為のうちに実施指定日の十月五日（旧暦）は過ぎてしまった。そこでグレゴリウスは、十月二十八日（新暦。旧暦では十月十八日）付けで、次回の新暦実施期日を翌一五八三年の二月二日（旧暦）にするという二回目の法王勅書を発布した。これをうけて、まず、オーストリアの大諸侯でもあったザルツブルク司教が、自分の領邦内での採用を発表した。続いて、アウクスブルクの南方に広がる大領邦バイエルンをはじめとするドイツのカトリック諸領邦でも、新暦採用が決定された。

しかし、ドイツでは結局、皇帝による統一的なグレゴリウス暦導入の努力はほとんどなされなかったので、その後も、領邦政府や帝国自由都市の個別的な判断に委ねられた。つまり、当初、宗教改革派の領邦や帝国自由都市は、こぞって法王の改暦勅書を無視した。

もっとも、十八世紀になると、宗教改革派もグレゴリウス暦の科学的な妥当性を認めざるをえなくなり、順次これを採用していった。諸国の採用時期は、だいたい以下のようである。

一五八二年、法王の第一回勅書を受けて、まずカトリックの国であるイタリア、スペイン、ポルトガル、フランスが採用し、翌八三年に、ドイツとオランダのカトリック諸侯、オーストリアが続いた。百年以上遅れて一七〇〇年に、ドイツとオランダの宗教改革派諸領邦と、宗教改革派であったデンマークとノルウェーが、五二年にイギリスが、さらに五三年にスウェーデンが採用して、これで西ヨーロッパ諸国は、ほぼグレゴリウス暦に統一された。西ヨーロッパ史の年月日記述は、当時実際に使われていた日付を用いる慣習になっているので、この時期についての外交史研究は、どちらの暦による記述かに注意しなければならない。また、一六四八年の『ヴェストファーレンの講和』のような両宗派の各国が署名した文書では、必要に応じて新暦と旧暦の双方の表記がなされている。

カトリックの反撃か

これまで取り上げてきた両宗派の対立点は、どれも宗教改革派が仕掛けた課題であった。しかし、改暦問題はカトリック教会の側から提出された。彼らが、改暦問題が宗教改革派にダメージをあたえる有力な武器となりうることをどの程度自覚していたかは議論の余地がある。それでも法王による改暦の勅書が、この時期にカトリックが反撃に転じたことを示すひとつの証左であることは間違いない。

改暦をめぐる民衆次元のもめ事の具体例として、やはりアウクスブルクの場合をみてみたい。当市の改暦紛争の記録は、市の文書館に、独立したファイルとして比較的よく保存されており、研究もいくつか発表されている。ここでは主としてカルテンブルンナーにしたがって叙述を進めたい。

アウクスブルク市政府は、早くも一五八三年に、グレゴリウス暦の導入を決定した。きっかけは同年一月二日に、バイエルン大公が前述の第二回目の法王勅書をうけて、市政府に送った改暦要請の文書であった。一月五日、市政府は、このときも現実的な対応をした。つまり、バイエルンをはじめ近隣領邦の大部分がカトリックであり、それらとの経済活動やその他の交流を円滑に行うために必要という理由で、改暦の方針を固めた。

しかし、まもなく宗教改革派の聖職者たちが、各教会の説教壇から改暦反対を市民に訴えはじめた。一月十五日、四名の宗教改革派の市参事会員が市政府に対して、改暦反対のアピール文書を提出した（第六章でふれたが、市参事会員は今日の市議会議員のようなひとびとで、一般に裕福な名望家の家系の出自であった）。この文書は、宗教改革派市民はカトリック教会に服属していないのだから、法王が制定したグレゴリウス暦に従うわけにはいかないこと、市政府による新暦採用の決定は『アウクスブルクの宗教和議』の規定、とりわけ宗教改革派はカトリック教会の教会法の適用をまぬがれると定めた条項に違反することを根拠にしていた。『宗教和議』には、たしかにそのことが明記されていた。

これに対して、市政府も文書を発表して答えた。改暦は、原則的には教会に関する問題であるとしても、現実には市政府が対処すべき世俗的な問題としての側面が大きいから、新暦を採用しても、カトリック教会に服したことにはならず、さらに宗教改革者のルターやメランヒトンも、「世俗的な問題については世俗の権力の命令に従うように」教えているという内容である。双方の主張は、文面のかぎりではともに一理あり、改暦問題の解決がたやすくないことを予期させた。

改暦は『宗教和議』違反

一月二十九日に開かれた市参事会は、市政府の文書を朗読させたあと、賛成多数で新暦導入を決定した。当時の市参事会の構成は、カトリック二十五名に、宗教改革派二十名であった。投票数まではわからないが、宗教改革派の市参事会員は改暦に否定的な態度を示したものの、積極的に反対したのは、先にアピール文書を提出した四名にとどまったという。宗教改革派市参事会員の多数派も市政府と同様、もっぱらカトリックが多い近隣諸領邦との経済的、政治的交流関係に配慮して、改暦やむなしと考えたようである。議事に、自然科学的な合理性にふれた意見が出た形跡はまったくない。

決定にしたがって、市政府は、ローマ法王が定めた第二回目の実施期日である一五八三年二月二日（旧暦）の翌日から、新暦実施に踏み切った。すると、先にアピール文書を提出した四名の宗教改革派市参事会員は、これを『アウクスブルクの宗教和議』違反として、神聖ローマ帝国ドイツの最高裁判機関である帝室裁判所に告発した。三月二十六日（新暦）に、帝室裁判所から、いったんは宗教改革派の主張を認める判決が到着した。それは、暦そのものは、むしろ「世俗的かつ政治的なことがら」であるとしながらも、今回の改暦の場合、それが教会祝日の変更を伴うこと、そして、教会祝日は信仰と良心の問題であることを根拠として、一月二十九日の市参事会決定は『宗教和議』違反であり、市政府はただちにこれを撤回するとともに、帝国に十マルク金塊の罰金を支払うこと、改暦は宗教改革派市民の全体が同意するまでは保留すべきことを命じていた。判決は、とりあえずは宗教改革派の勝利であった。

しかし、神聖ローマ帝国ドイツと称していた当時の国家機構は、極めて不完全なものでしかなかったので、帝室裁判所の判決は、個々の議論の場での主張の論拠とはなっても、なんらかの強制力を伴うものではなかった。それを見透かしていたのか、三月二十九日と四月二日に開かれた市参事会は、判決に対抗する形で、グレゴリウス暦維持の確認と帝室裁判所への控訴を決議した。詳細は定かでないが、そのときの議事は紛糾して退席者も出た末に、票決は賛成二十八名、反対十六名(一名は不明)となった。ということは、二十名の宗教改革派のうち少なくとも三名が、宗派の利害を離れて改暦賛成にまわったことになる。

四月十六日に、市政府はこの決議に基づいた文書を発令して、職員に、市庁舎の張り出し窓から市民に向かって朗読させた。市政府は、改暦が「純粋に世俗的で政治的なことがら」であり、これによって、一方の宗派がもう一方の神学理論、信仰、組織、儀式を妨害したり、干渉したりすることになるとは考えない、市参事会、大市《おおいち》、裁判などの日付は新暦によらねばならないが、宗教改革派の市民には、この問題の最終的な合意が得られるときまでは、自分たちの教会で旧暦にしたがった祝日を祝うことが許されるという内容であった。つまり、市政府はグレゴリウス暦の堅持を確認するとともに、教会の祝日については、宗教改革派市民への配慮を示したことになる。

肉が食べられない

市参事会員、市政府の要職にあるひとびとは、改暦問題を現実的な観点から考えるとともに、現実的な判断を下したことになるが、一般の都市住民はもう少し感情的であった。

翌一五八四年になって、教会祝日のずれが原因で、カトリックと宗教改革派の対立が表面化した。この年、宗教改革派の市民は、旧暦にしたがった彼らの祝日になると、仕事をしているカトリックの市民をことさらに挑発するように市内を徘徊し、各所でお祭り騒ぎをくりひろげた。反対に、カトリックの新暦の祝日になると、彼らは必要以上の物音を響かせながら仕事をした。

そして、より深刻な事情のひとつに、食肉の供給があった。アウクスブルクの精肉販売業者のほとんどは宗教改革派であり、彼らは新暦にしたがった販売を拒否することによって、市政府を困らせようとしたからである。例えば、キリスト教では、復活祭日曜日の前の六週間半（四十五日間）は四旬節と呼ばれ、精進の期間とされている。この期間はお祝いごとを避けるなど、静かな暮らしをするとともに、通常肉食を控えることになっていて、また、当時は屠畜もほとんど行われなかった。今日、リオ・デ・ジャネイロを代表として、乱痴気騒ぎのお祭りが催される謝肉祭（カーニバル）は、この四旬節の直前にあたる。つまり、長い精進の時期を前にして、今のうちに騒いで大食しておこうというのが謝肉祭である。

ちょっと頭の体操をしていただきたい。一五八四年のカトリックの復活祭日曜日は、四

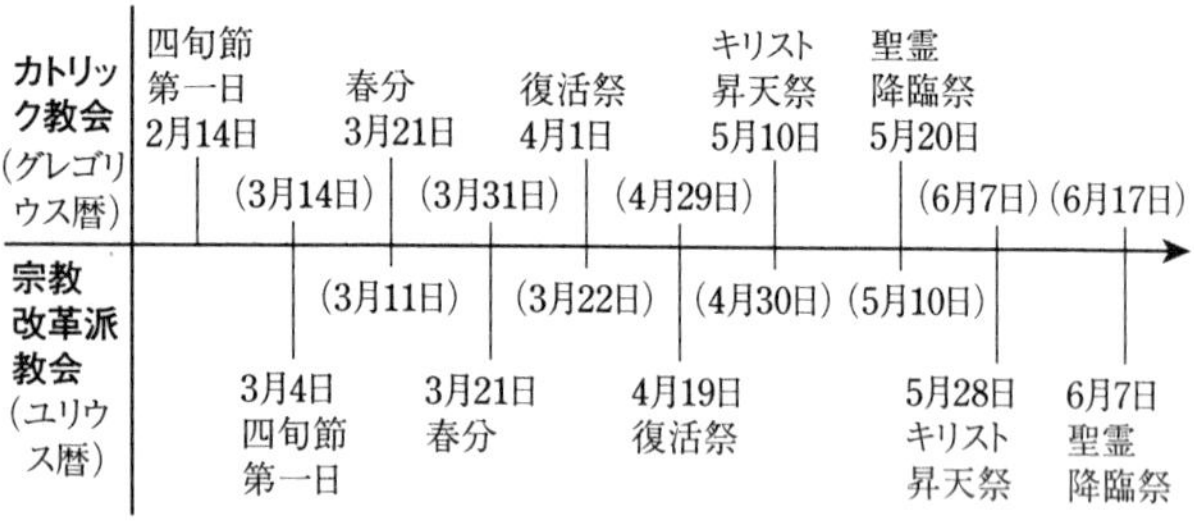

1584年前半の教会祝日

月一日（新暦）にあたり、したがって四旬節は、その四十六日前の二月十四日から三月三十一日までとなっていた。一方、宗教改革派の復活祭日曜日は、新暦で四月二十九日（しかし、彼らの旧暦では四月十九日）にあたり、同様に、四旬節は三月十四日から四月二十八日まで（旧暦では三月四日から四月十八日まで）であった。したがって、もし宗教改革派の精肉販売業者が自分たちの四旬節を厳守すると、単純に考えて、カトリックの市民は、自分たちの四旬節の期間だけでなく、引き続いて四月二十八日までの期間も、宗教改革派においつきあいして肉食を断たねばならないことになるのだった。

　冷凍庫も冷蔵庫もない時代のことであるから、総計すると、新暦で二月十四日から四月二十八日まで、二ヵ月半にわたる肉食絶ちである。ひとによっては絶好のダイエット期間であるが、社会全体としてはそうもいっていられない。それは一般の家庭だけでなく、市政府が催す公式行事の際の祝宴や、市の郊外にあったアウクスブルク司教の宮廷の祝典にも影響を与えることになる。事態を憂慮した市政府は、一月三十一日（新暦。以下、特に言及がないかぎり新暦による）に市内の精肉販売業者の代表を召喚して説得したが、出頭した二名の代表は、新暦にあわせた屠畜と販売を頑として拒否した。

当時、西ヨーロッパの都市では、精肉販売業者は勝手に店舗をかまえることができず、都市当局と精肉販売業者のツンフト（ギルド）の取り決めによって定められた「肉販売店舗」で肉を売ることになっていた。腹を立てた市政府は、市内の肉販売店舗のうち六店舗の認可を取り消し、それらの権利を、新暦を採用していた近隣カトリック地域からの外来業者に分配する措置に出た。

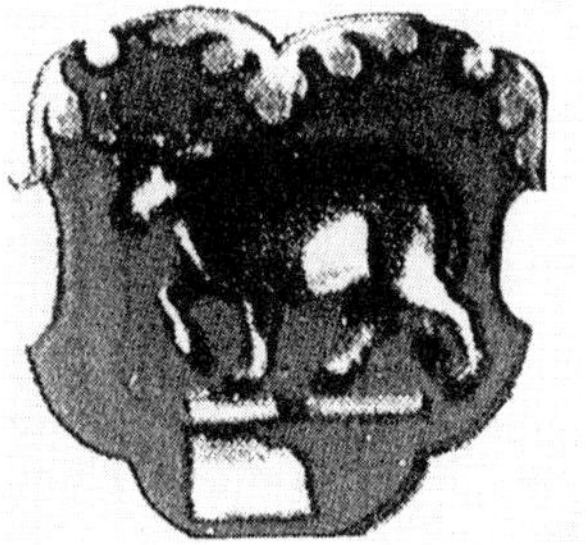

アウクスブルクの精肉販売業ツンフトの紋章

これによって、食肉供給の問題はひとまず解決されたが、措置を不満とする宗教改革派の精肉販売業者たちの抵抗は、その後も間欠的に続いたようである。彼らは、祝祭日を守らなかった罪で再三罰金を科せられている。それらの具体的な顛末《てんまつ》は興味深いところであるが、これも史料が欠けていてよくわからない。

復活祭の日取りは教会が教える

ここで、基本知識の確認として、キリスト教会の祝日を一瞥《いちべつ》しておきたい。教会の祝日は多いが、それらは期日の決め方によって、固定祝日と移動祝日にわかれる。固定祝日は、毎年日取りが一定している祝日で、われわれ日本人にも違和感はない。例えば、クリスマスと呼ばれるキリスト降誕祭(初日)は十二月二十五日、ルターの『九十五ヵ条論題』発表と関係があった諸聖人祝日(万聖節)は十一月一日、公現節は一月六日、大祈願祭は四月二十五日、マリア被昇天祝日は八月十五日などと決まっている。

しかし、日本人になじみにくいのが、毎年日付がかわる移動祝日である。なぜなら、こちらは復活祭日曜日を起点として、それから何日目と決められているからである。前述のように、「春分のあとの最初の満月の日の直後の日曜日」である復活祭日曜日は、だいたい三月下旬から四月中旬にかけてであるが、年によって最大一ヵ月ほどのずれがあるので、その他の移動祝日も、同様に最大一ヵ月ほどずれることになる。例えば、精進の期間、四旬節の第一日である灰の水曜日は、復活祭日曜日の四十六日前、キリスト昇天祭は四十日後、聖霊降臨祭は四十九日後、聖三位一体節は五十六日後、聖体節は六十日後である。

もちろん民衆は、各自で計算するのではなく、教会が発表する年間スケジュールによって、その年のそれぞれの祝日がいつかを知るのが普通であった。検証はむずかしいが、毎年の祝日を、そのようなカトリック教会の「上意下達のシステム」によって知らされる慣習が、宗教改革派市民の改暦への不満と不安を強めていた可能性がある。

キリスト昇天祭の日が消えた

新暦採用の問題がくすぶりつづけている時期の一五八三年五月七日、帝室裁判所から、今回は市政府の主張を認める判決が届いた。先の判決が覆ったことになる。意を強くした市政府は、翌日、判決を市内に向けて告示するとともに、市民は今後あらゆることに関してグレゴリウス暦にしたがうべきこと、違反者は厳罰に処せられることを発表し、職員に朗読させた。それは、これまで認められていた宗派による教会祝日の自由裁量が取り消されることを意味していた。この決定を聞いて、とりわけ宗教改革派の聖職者たちが態度を硬化させた。

六月になると、重要な教会行事のひとつであったキリスト昇天祭の期日をめぐって、宗教改革派市民による騒擾《そうじょう》が起こった。新暦によれば、一五八三年のキリスト昇天祭は五月十日で、カトリックの人々は、この日にすでにその祝祭を済ませていた。一方、宗教改革派の旧暦によれば、五月二十八日、つまり新暦で六月七日の木曜日にあたっていた。またまたややこしい話になるが、したがって、もし教会のことがらに関してもグレゴリウス暦にしたがえという前述の市政府の命令を受けいれるならば、宗教改革派にとって、この年のキリスト昇天祭は知らない間に、あるいは、いつのまにか、終わっていたことになる。六月三日に、市政府の措置を受け入れがたい理不尽と感じた宗教改革派の聖職者団は、「来たるべき」キリスト昇天祭を、従来通り旧暦にしたがって祝うことを宣言した。

　これを知った市政府は、この日のうちに、「次の木曜日［つまり、宗教改革派のキリスト昇天祭］に店舗を閉じてはならない」という命令を出した。祝日と認めないという意味である。さらに翌四日、混乱が起こることを恐れた市政府は、宗教改革派聖職者団の指導的人物と目されていた聖アンナ教会の牧師ゲオルク・ミュラーを解任した上で逮捕し、彼の即刻市外追放を宣言した。しかし、それがかえって混乱をひきおこすことになった。

ゲオルク・ミュラー

　午後、拘束されたミュラーを乗せた駅逓《えきてい》馬車が、市城壁の西面にあるゲッギンガー市門を出ようとしたとき、事件を聞きつけて集まってきた宗教改革派の住民たちが馬車を取り囲み、力ずくでミュラーを解放してしまった。たちまち情報は市中に広がり、宗教改革派の大群衆が市庁舎前の広場に集結した。先頭に立ったのは、精肉販売業の職人たちであった。彼らの一部は市の武器庫を襲い、持ち出した銃で武装していた。都市警護長官が市兵を率いて駆けつけ、市庁舎にはいった。彼らが威嚇のために発砲すると、群衆のなかからも銃弾がいくつか発射された。しかし、銃撃戦は回避された。市政府が、宗教改革派の聖職者団に群衆を鎮めるよう要請し、彼らもこれに応じてひとびとを説得したので、ひとまずその日は群衆は解散した。けれども、翌日も武装した群衆が市内を示威行進した。そのため、都市貴族や大商人などの裕福な人々を中心に、三千人以上が一時期市外に避難したが、結局それ以上の混乱は起きなかった。

グレゴリウス暦の確立

騒擾のあと、市政府は、宗教改革派の市民たちとの折衝によって問題の解決をはかった。期日が迫っている、旧暦によるキリスト昇天祭については、宗教改革派に譲歩して、教会での儀式のあと各自店舗を開くことを条件に、彼らがこれを旧暦にしたがって祝うことを認めた。

六月七日のキリスト昇天祭が平穏のうちに終わったあと、十四日に、市政府と宗教改革派聖職者団の間に協定が成立した。(1)宗教改革派の教会にも、今後グレゴリウス暦が導入される、(2)導入にあたって聖職者は、説教壇からそれを遺憾とする宣言を発表することができる、(3)宗教改革派は、次の大きな祝日である聖霊降臨祭については、今年にかぎってユリウス暦によって祝うことができる――という内容である。この協定によって、基本的には、宗教改革派もグレゴリウス暦の導入を受け入れたことになる。

前述のように、聖霊降臨祭は、復活祭日曜日の後、四十九日目の日曜日と定められていた。この年、キリスト昇天祭と同様、カトリックの市民は聖霊降臨祭をすでに五月二十日に祝っていたのに対して、宗教改革派は旧暦にしたがって、それを来たるべき六月十七日(旧暦で六月七日)としていた。市政府の譲歩がなければ、この祝日も消えたはずであった。当日、宗教改革派の聖職者たちは、教会儀式の際に協定文書を朗読して、信徒たちの同意を確認した。さらに翌日、聖職者たちが作成した補足文書が発表された。それは『プロテスタティオ(=抗議)』と題されていたが、内容は、むしろ協定に不満な信徒たちを説得する方向の文書であった。グレゴリウス暦の受け入れは、決してカトリック教会への屈服を意味するものではないこと、聖職者たちも新暦採用の詳細について不満を残しているが、市内の平和維持のために、市民は市政府にしたがうべきことなどを述べていた。

改暦紛争は、公式にはこれで終結したことになる。しかし、聖職者や信徒たちの不満はやはり残ったらしく、宗教改革派の教会は、その後も密かに教会内で、ユリウス暦にしたがった儀式を行っていた形跡がある。

復活祭や聖霊降臨祭は日本ではなじみが薄いが、西ヨーロッパ社会では今日もクリスマスと並ぶ大きな祝祭である。ドイツでは、クリスマスの「クリスマスおじさん」（サンタクロースにあたる）の場合と同じく、復活祭のときに「復活祭うさぎ」が子供たちに甘いお菓子をもってくることになっている。また、復活祭も聖霊降臨祭も祝日であり、とりわけカトリック地域の学校は、そのころ二週間ほどお休みである。

ライバル宗派が提出した改暦のために、大きな教会祝日の日取りが変更されるどころか結果として消えてしまうということは、宗教改革派の民衆には受け入れがたい重大事と映ったのであろう。改暦の科学的合理性や外交的・通商的要請に思いがおよばなかったのはもちろんであるが、彼らは改暦を宗派対立の論争点ととらえるとともに、毎年の生活サイクルの耐え難い破壊とも感じていたように思われる。しかし一方で、経済的利害あるいは外交政治上への配慮から新暦採用にふみきった市政府の態度、そして、最終的には市政府の命令にしたがって新暦を受け入れた宗教改革派聖職者たちの態度は、変革に直面して、旧来の思考の枠組みを自ら乗りこえることができる新しいメンタリティを感じさせるともいえよう。

研究がほとんどないが、改暦をめぐる二宗派の対立は、二宗派併存体制にあったディンケルスビュール、ビーベラハ、ラーヴェンスブルクなどでも起こったことが知られている。経過は、基本的にアウクスブルクと同じで、これらの都市でも、市政府による新暦採用の布告とその後の宗教改革派に対する懐柔政策が功を奏して、やがて新暦に統一されていった。

第十二章　「行列」をめぐる紛争

行列参加記念の御礼(ドナウヴェルト聖十字架修道院)

「行列」の伝統

カトリックと宗教改革派が併存する都市に起こった宗派対立のもうひとつの事例として、十六世紀後半以降に、各地で民衆を巻きこみながら展開された「行列」をめぐる紛争があった。カトリック教会は、行列を信仰心の好ましい発露ととらえたが、宗教改革派は、単なる「装飾的」で「外面的」な行為であるとして、これに否定的な態度をとっていた。グレゴリウス暦制定が、宗教改革派に対するカトリックの「明確には意識しなかった」反撃であったとすれば、「行列」問題は「強度に意識した」反撃であった。

まず、行列とは何かを説明しておかねばならない。行列は中世以来、カトリック教会で行われてきた宗教上の行進の儀式である。通常は、教会ごとに慣例となっている特定の教会祝日に、十字架や聖遺物を先頭に、旗をなびかせながら、聖職者と一般信徒の男女が列をなして、主催する教会から近郊の聖所までを往復した。その意味するところを厳密にいうと、行列の「行為は、設定された信仰上の目的を実現させるとともに、持ち出される聖遺物や祭具がもつ聖性、また、出発地、目的地、経由地の聖なる場所の聖性を放射させることによって、周囲の空間を神聖化させる、あるいは、聖なる場所の聖性を空間的に延長させる役割を担う」（印出忠夫「十五世紀ボルドーにおける大司教座参事会行列順路にみる宗教的心性」『西洋史学・一五一』一九八八年）というものであった。信徒には、行列参加は死後の救済に役立つ功徳をもつと教えられていた。しかし一般には、信徒の信仰心を確認し、高揚させる教会行事と考えて間違いはない。

なお、この時期に、皇帝や国王などの世俗の君主たちが、自らの権勢を誇示するために行う豪華な「入城式行列」や「入市式行列」なども行列と呼ばれることがあるが、ここで対象とする教会主催の信徒の行列とは性格が異なる。

カトリック教会の礼典定式書によれば、行列は、いくつかに区分して整理することができる。(1)まず、毎年特定の教会祝祭日に催される吉例の行列である。聖母マリアの潔めの日（二月二日）、枝の主日（復活祭日曜日の前の日曜日。移動祝日なので年によって期日は異なるが、だいたい三月下旬から四月中旬）、大祈願祭（四月二十五日の聖マルコの日）、小祈願祭（キリスト昇天祭の前の三日間、場合によっては一週間。だいたい五月中）、聖体節（聖三位一体節の次の木曜日。だいたい五月下旬から六月中旬）などが、行列を催すのにふさわしい日とされている。もちろん、これらの祝祭のすべての日に行われたのではなく、ひとつの教会で年に一回、あるいはせいぜい数回が普通であった。(2)次に、特別の目的のために随時に催される行列がある。雨乞い、雨よけ、強風よけ、飢饉よけ、疫病よけ、戦争よけなどの祈願の行列、また、聖職者や信徒たちが特に企画する信心のための行列がこれにあたる。(3)その他にも、規定では、ミサのときのろうそく行列など、教会施設内の信徒の短距離移動も行列に含められている。しかし、ここでとりあげるのは、(1)と(2)のジャンルの行列である。

行列は、中世後期にかけて、すでに述べた聖画像の寄進や敬愛とならんで各地で盛んに行われていたが、十六世紀にはいって宗教改革運動がはじまると、どこでも下火になっていた。しかし、この世紀の後半になると、カトリック教会は対抗宗教改革運動のプロパガンダのひとつとして、行列の復活に力を入れはじめた。行列が催されたとき、宗教改革派がこれを静観すればよいが、行列そのものが当然、宗派的示威運動としての意味をもつので、その実施をめぐってもめごとが生じることになる。

帝国自由都市ドナウヴェルト

ここでは、やはり「ロマンティック街道」沿いにある都市、ドナウヴェルトを題材として、そこの行列紛争を紹介する。市の名はドナウ川の中州という意味であり、この町は中世以来、ドナウ川河川交通の要所のひとつとして栄えていた。しかし現在、「ロマンティック街道めぐりの観光バス」においては、トイレ休憩所の地位に甘んじている。近代になって市城壁が取りこわされたため、それを残しているローテンブルクなどとくらべて、観光客の感動が薄いせいであろう。

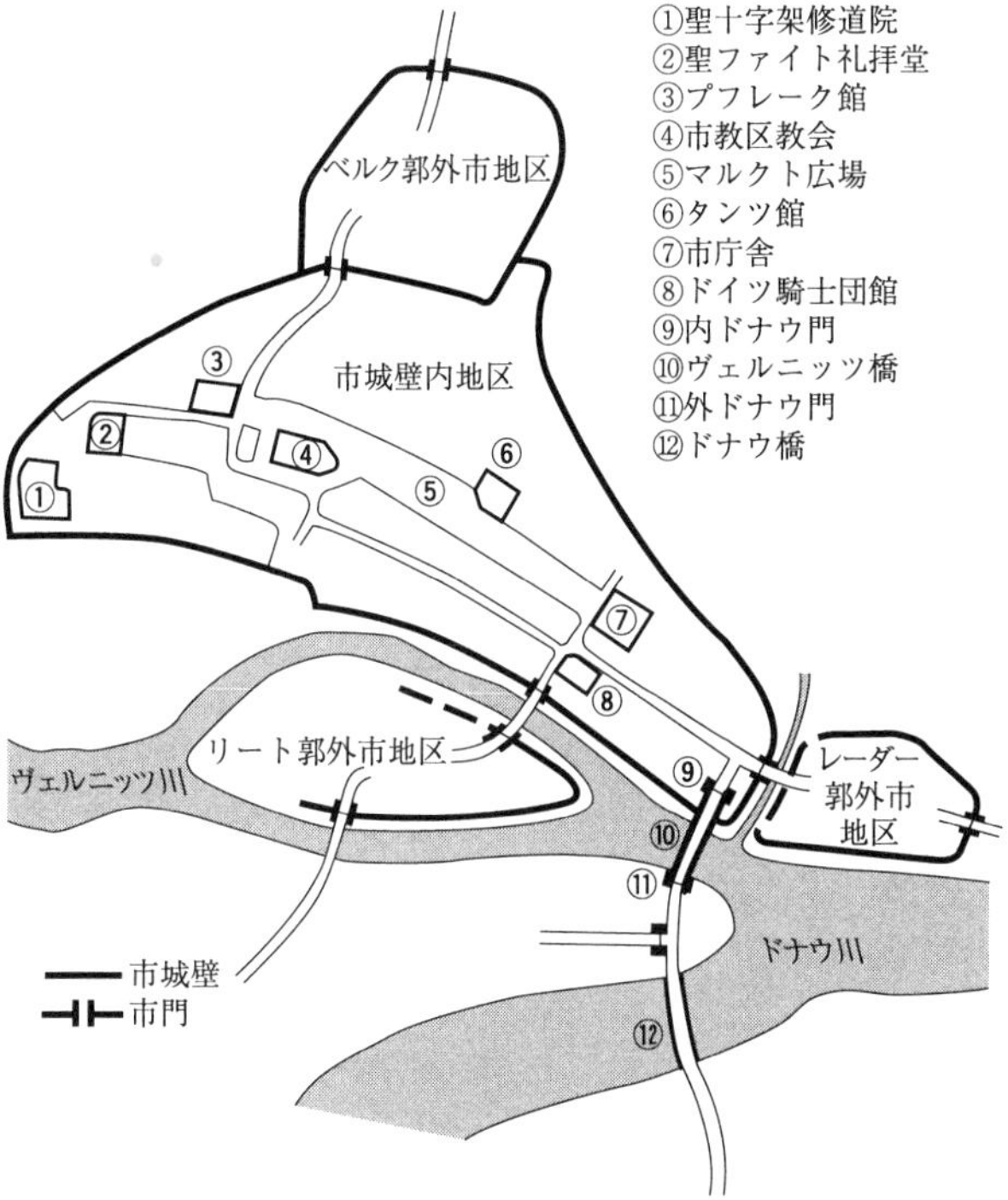
①聖十字架修道院
②聖ファイト礼拝堂
③プフレーク館
④市教区教会
⑤マルクト広場
⑥タンツ館
⑦市庁舎
⑧ドイツ騎士団館
⑨内ドナウ門
⑩ヴェルニッツ橋
⑪外ドナウ門
⑫ドナウ橋
ベルク郭外市地区
市城壁内地区
リート郭外市地区
ヴェルニッツ川
レーダー郭外市地区
ドナウ川
市城壁
市門

16世紀後半のドナウヴェルト

ドナウヴェルトの行列紛争については、十九世紀後半の歴史家シュティーフェが、市文書館をはじめ各地に残る諸史料を渉猟して、詳細な復原を行っているので、主としてそれを材料とする。

前章までに題材をとったアウクスブルクは、もめごとを繰り返しながらも、カトリックと宗教改革派の共存を維持したが、ドナウヴェルトでは毎年、「行列」をめぐって両宗派市民のいさかいがおこり、ついに一六〇七年、大規模な市中騒動に発展した。その結果、外来勢力の干渉を招き、武力占領されたのち、その都市国家としての政治的自律性を失うことになった。

ドナウヴェルトも、規模は小さいが自治権をもった帝国自由都市であった。一五四四年に、すでに宗教改革支持に傾いていた市政府は、やはり多数派となっていた宗教改革派の市民たちに押されて、都市としての宗教改革導入を宣言した。しかし、ドナウヴェルト市に特徴的なのは、その当初からカトリック市民の存在と活動も許されていたことである。古くから市内に大きな施設を構える聖十字架修道院が、ドイツ各地の有力なカトリック教会勢力と緊密なコネクションをもっていたため、市政府はその権勢に配慮して、カトリックの市民がこの修道院で彼らの教会儀式を行うことを容認したという事情である。したがって、ドナウヴェルトの二宗派併存は、市政府の判断としては、基本的に宗教改革派を支持するにもかかわらずカトリック市民の存在もさしあたり許しているという体制であったが、一方、外部から見ればアウクスブルクと同じく、同権的な二宗派の併存という少し変則的な体制であった。

復活した行列は裏通り

問題の行列は、聖十字架修道院が、市内と近郊のカトリック住民を集めて行うことになる。この修道院では、中世後半から十六世紀はじめまで、壮麗な行列行事が頻繁に催されていたが、宗教改革期になると、その混乱で中止されていた。しかし一五六〇年代にはいると、まず修道院の敷地内をまわる小規模な行列が行われるようになり、七三年に本格的な行列が復活した。

(1)最初の仕掛け人は、当時の修道院長ベネディクト・グロッカーであった。彼は一五七三年の小祈願祭に際して、復活第一回として、市中を通り抜けて近郊のアウクセスハイムの教会までを往復する行列を計画し、実施した。アウクセスハイムは市の六キロメートルほど南方、カトリックのバイエルン大公領邦にあった聖所である。行列は、市内のカトリック住民だけでなく、ドナウ川の対岸に広がるバイエルンを含めた近郊農村のひとびとにも好評で、以後毎年行われることになった。

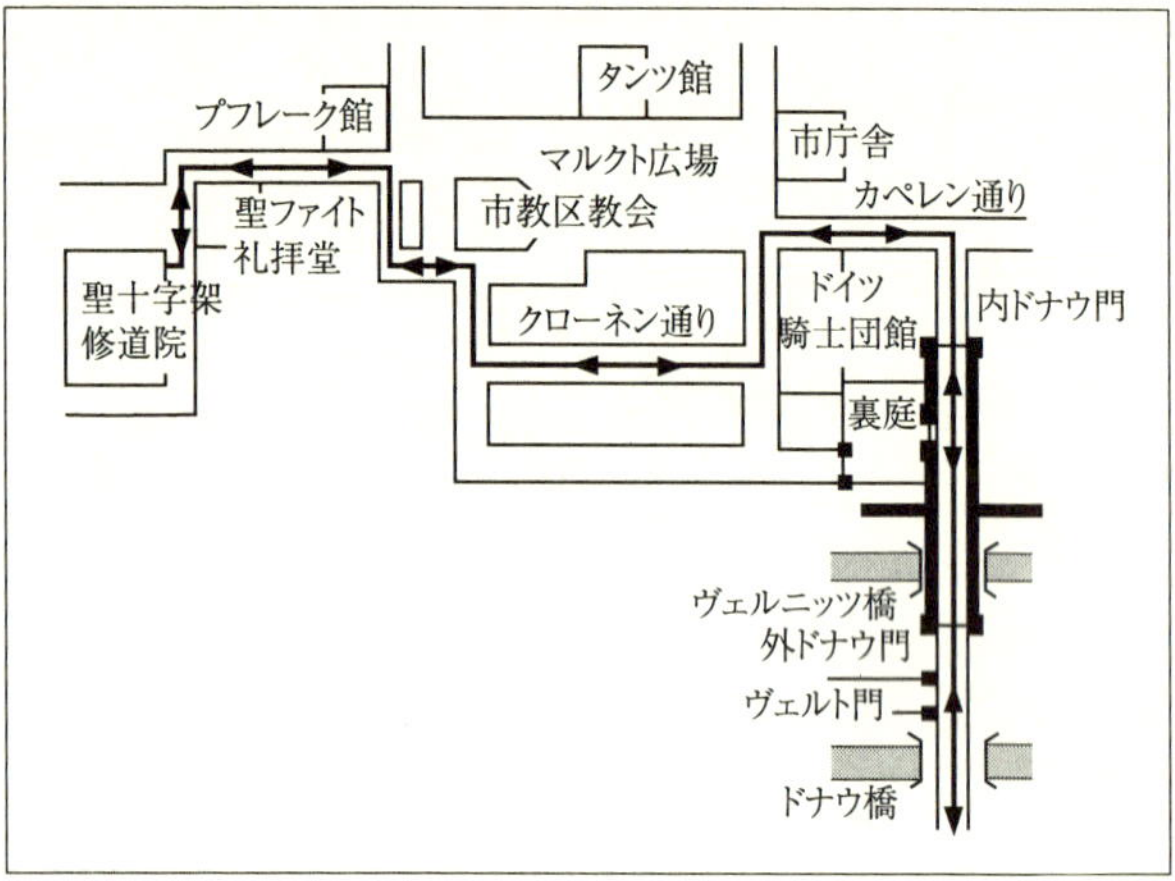

1573年〜1605年の「行列」順路

しかし、行列の再開にあたって修道院側は、市政府と宗教改革派の市民を刺激しないように、自発的に道順と行列の形態について自粛の配慮を行った。市内の西方にある聖十字架修道院から郊外南方のアウクセスハイム村に向かう場合、本来ならば、このような行進の常として、市の華やかな中心街を通り抜けるルートを選ぶはずである。しかもドナウヴェルトの場合、それは最短ルートでもあった。上の図をみていただきたい。①聖十字架修道院を出て、市の中央教会である②市教区教会に向かい、その前から、市の中央広場である③マルクト広場、商人会館にあたる④タンツ館の前、都市権力の中枢である⑤市庁舎の前と、目抜き通りを通り、そしてカペレン通りから、⑥内ドナウ門、⑦ヴェルニッツ橋、⑧外ドナウ門、⑨ドナウ橋を通って市外に出るルートが、市の中心街を通る道であり、かつ最短の道であった。

しかし、今回彼らは、②市教区教会の傍らから、あえて中心街を避けて、裏通りにあたるクローネン通りを通ってカペレン通りに抜けるルートを選んだ。さらに、修道院の門に接した聖ファイト礼拝堂を出たところからドナウ橋までの市街地では、聖歌を歌ったり、大声で祈りを唱えることを差し控え、旗を巻き、旗竿をおろして行進した。参加者のなかには、旗を掲げようとした者もあったが、指揮の者にたしなめられた。そして、市政府と宗教改革派の市民は、この行列を静観した。

旗を立てて市内を歩きたい

その後、行列をめぐる市内の対立は、宗教改革派である市政府と宗教改革派市民、そして聖十字架修道院とカトリック市民の間で、市中のどのルートを通るか、市中のどこまで旗をなびかせ、聖歌を歌いながら行進するかを争点として拡大していく。いくらか煩瑣にもなるが、年次を追って、カトリック住民と宗教改革派住民の行列をめぐるせめぎあいをみていこう。大事件はしばしば、小さなことがらの積み重ねが、ある限界を越えたときに起こるものだからである。

⑵翌年からも、毎年の四月から五月ごろ、小祈願祭に行列が催されたが、修道院側が一五七三年の慎重な配慮を堅持したので混乱は生じなかった。その行列のあり方は慣習として確立したかに思われたが、第一回から二十五年後、一五九八年の小祈願祭の行列で、カトリック側は少しだけ大胆になった。

四月二十日、かねてから旗をおろして市中を進む行列に不満であった修道院の管財室長グレゴール・フリックの指揮のもと、行列のひとびとは、聖ファイト礼拝堂ではなく、少し進んで市教区教会の北西の角まで旗を掲げ、そこで旗をおろして市街を通り抜けた。さらに、前年までのドナウ橋よりも少し早く、内ドナウ門でふたたび旗を立てて、市を出ていった。フリックは「自らの良心に突き動かされて」あえて慣例を破る行為に出たという。今回、新しく旗を掲げて行進した距離はせいぜい百メートル足らずであったが、これをみていた宗教改革派の説教師が、さっそく慣例違反として市政府に苦情を申し立てた。市政府はこれをうけて、翌二十一日に、修道院に対して抗議を申し入れた。

⑶翌一五九九年は従来の形式にもどったが、一六〇〇年の小祈願祭の行列で、フリックはもう一度小さな攻勢に出た。行列は、慣例となりかかっていた聖ファイト礼拝堂ではなく（しかし、九八年の市教区教会北西の角よりは控えめに）、フッガー伯のプフレーク館まで旗をなびかせながら行進した。市政府はさっそく警告を発し、これに対して修道院長

クリストフ・ゲーリンクは、旗持ちの責任者を修道院の牢に入れると約束した。当時、どの修道院にも規則を破った修道士を罰するための牢があったが、このとき、その「責任者」が本当に入牢させられたかどうかは不明である。

(4)一六〇三年からは、行列に参加したカトリック市民と、これを見つめる宗教改革派市民の関係が悪化しはじめた。この年の小祈願祭の行列のときに、行進者たちは旗を掲げたまま、聖ファイト礼拝堂を越えて進もうとしたが、見ていた宗教改革派の市民たちが彼らに罵声を浴びせた。そして、監視にきていた市政府の官吏たちが、慣例にしたがうようにと力ずくで旗を収めさせた。

うっかり道をあけた市軍司令官

(5)翌一六〇四年は、押し問答となった。四月の小祈願祭に、例年どおりアウクセスハイム村への行列が催された。彼らは往路、聖ファイト礼拝堂を越えてプフレーク館の前まで、そして内ドナウ門から、旗をなびかせた。その場では何も起こらなかったが、彼らが市内に戻ってきたとき、市軍司令官が配下の兵とともに行列の前に立ちふさがった。司令官は修道院長レオンハルト・ヘルマンに対して、慣例を守り、「それにより、市政府が欲しない不測の事態を未然に防ぐ」ようにと警告した。しかしレオンハルトは、「自分たちは何も新しいことを望んでいない。旗をふたたびプフレーク館のところで掲げることを望んでいるだけだ」と反論した。これを聞いた市軍司令官は、つい道を開けてしまった。

これは、司令官の失策であった。彼の行為は、行列が聖ファイト礼拝堂ではなく、プフレーク館から旗を立てて行進するのを、市政府側が認めたことを意味した。両地点間の距離はせいぜい百歩ほどであったが、さっそく市政府は会議を開いて議論した。しかし、今回は譲歩する決定を発表した。すなわち、聖ファイト礼拝堂とプフレーク館の間は短い距離であるので、市政府は「この困難な時期に、これに関する実力行使は差し控えたい」、しかし、修道院側が「今後、旗を掲げながらさらに市中に進むならば、彼らは公然と争いを欲する輩として処罰される」という内容である。

行列に参加すれば不治の病がなおる

(6)市政府の譲歩に勢いづいた修道院側は、一ヵ月後に、特別の行列を実施した。ある年代記の記述によれば、それまで七年間手足が不自由だったある男が、四月の行列に参加したあと、近郊のブッゲンホーフェン村にある、かつて巡礼地だった小さな教会のミサに参列した。すると、彼は自由に動けるようになったという奇跡が起こった。それが事実であったかどうかはともかく、修道院はこれを受けて、五月十五日に「奇跡の祝祭」と名付けた、ブッゲンホーフェンの教会への行列を企画した。行列は大成功で、途中から参加した近郊のひとびとを加えて、約千九百人にも膨れ上がったという。

先導の修道士たちは、午後、参加者全員を引き連れて市内に戻ってきた。市城壁内にはいると、彼らは旗をおさめて静かに行進したが、プフレーク館の前までくると、旗を立てた。また、そのときは新たに、そこから聖歌を合唱しながら修道院にはいった。市外のひとびとを含めた行列参加の大群衆は、修道院教会の礼拝に参列したあと、ふたたび修道院を出てぞろぞろと市中を歩き、やはりカトリックの施設であったドイツ騎士団館の礼拝堂にはいりかけた。市政府の指示で駆けつけた市軍司令官が、彼らに「市政府の領域支配権にしたがってただちに市から退出せよ」と命令した。群衆のなかにいた近郊の農村メルディングの司祭が反抗的な返答をしたが、事態を聞きつけて集まってきた宗教改革派の市民たちが威嚇行動に出たため、行列参加者たちは暴力行為を恐れて四散した。市外からの参加者たちは大あわてで市から出ていった。

ドナウヴェルトからアウクセスハイムまで、畑地や林を通って片道で六キロほど、ブッゲンホーフェンまでは十キロ以上の道のりがあるから、行列はまる一日がかりの行事であった。その距離を往復するとなると、当時のひとびとの健脚をもってしても大仕事であったにちがいない。さらに、行列の間はのべつ聖歌を合唱しながら歩き、ときどき立ち止まって聖職者の短い話を聞いたようである。参加者たちは、集団団結の雰囲気、そして歩行と歌唱の疲労のために、日常とは異なった信仰空間にはいっており、それが彼らを日頃になく大胆にしていったと考えられる。

実は、ブッゲンホーフェンへの行列は四百年後の今日も、毎年、聖十字架修道院の手で催されており、筆者も誘われて体験参加したことがある。さすがに全行程を歩くひとは少なくなっているが、当日は貸し切りのバスも出るので、ブッゲンホーフェンの聖所教会には多くの信徒があつまり、盛大といってよいミサが行われる。往時の行列の華やかさと参加者たちの精神的高揚を彷彿《ほうふつ》とさせる情景である。

キリスト像は強風でこわれたのか

(7)翌一六〇五年の小祈願祭が近づくと、市政府は市の軍事・警察部局に対して、当日には慣例に反するあらゆる行為を阻止するようにという指令を出した。この年の小祈願祭は、五月十六日であった。その日の朝、修道院長レオンハルト自らが先頭に立った行列が修道院から出てくると、市軍司令官シュミートが、二名の市参事会員とともに、聖ファイト礼拝堂とプフレーク館の間の路上に立ちふさがった。シュミートが、聖ファイト礼拝堂の前で旗を収めるように命令すると、行列側は、プフレーク館の前で旗を収めると対抗した。問答が続いたが、行列は結局、その場で旗を下ろした。

帰路も、行列は旗を下ろして市内を行進した。彼らは聖ファイト礼拝堂に旗やその他の器物を立てかけて、修道院にはいっていった。それから後のことは、はっきりとはわからない。しかし、ある史料が語るところによれば、「当日は天候が定まらず、強風が吹いていた。そのためか、まもなく立てかけられた旗やキリスト像が倒れ、こわれた。そして、しばらくすると、これらは近くの子供たちの遊び道具となっていた。さらに、旗の布は破られていた」という。おそらくは、この日の行列を憤慨しながら見ていた宗教改革派市民たちの仕業であったと考えられる。

行列のあと、聖十字架修道院長のレオンハルトは、所属の司教管区の長であるアウクスブルク司教に事態を報告した。前々から行列に対するドナウヴェルト市政府の対応に不満を抱いていたアウクスブルク司教は、ついに市を、二宗派併存を定めた『アウクスブルクの宗教和議』違反で、神聖ローマ帝国ドイツの帝国宮廷顧問会議に告訴した。ほどなく宮廷顧問会議から、ドナウヴェルト市政府に対して、行列干渉の釈明報告を提出するとともに、行列の今後の自由な実施を保障するようにという皇帝の『勅令』が届いた。しかし、動転した市政府は適切な対応をすることができず、結局、これを放置した。

対決の日

翌一六〇六年、聖十字架修道院は、四月二十五日の大祈願祭に行列を催すことを発表した。この行列が、市の運命にとって決定的な事件となる。

四月二十一日、市政府は、今回の行列では市外からの参加者は市門のところで追い返すこと、しかし、先の皇帝の勅令を気にして、それ以上の積極的行動は差し控えることを決定した。もっとも修道院に対しては強い口調で、行列のとき「慣習にない行動や市民を怒らせる行動を慎む」こと、それに反することが行われた場合、市政府は「断固としてその問題行為を阻止する」ことを通知した。一方、宗教改革派の市民たちは、漠然とした不安と緊張のなかでその日を待った。行列の二日前の日曜日には、宗教改革派の牧師が市教区教会で、行列に反対する激しい説教を行い、一方、カトリックの修道院教会では「修道士たちは、たとえ全員が死を受けることになろうとも、旗を掲げて市中を通り抜ける覚悟である」という説教が行われた。

四月二十五日の市内は、夜明け前から騒然としていた。早朝、市軍司令官と二名の市参事会員が修道院を訪れて、再度の警告を発した。修道院長レオンハルトは気分がすぐれなかったので、信徒代表のフェリックス・シュトレーべを通じて、「もし修道士たちに何ごとかが生じたならば、皇帝陛下が味方に立ってくださる。したがって修道院長は、市政府

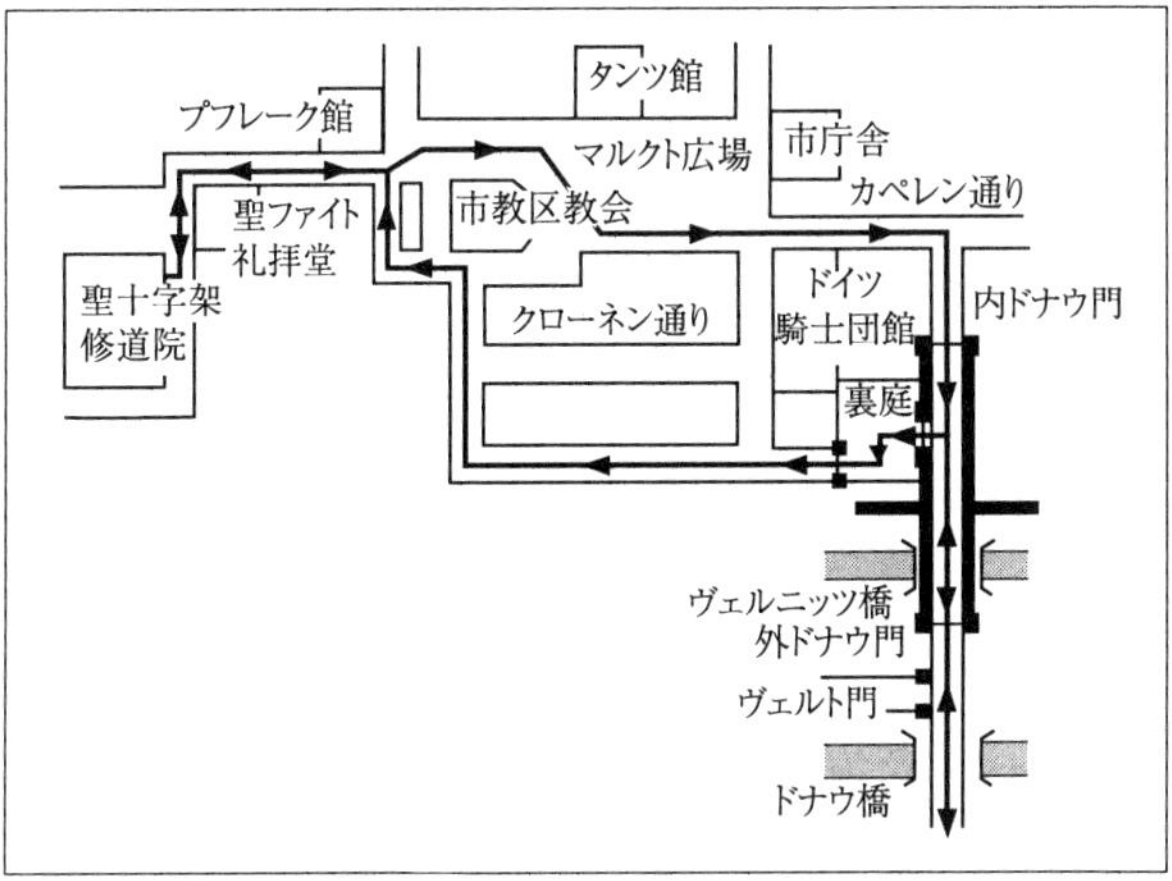

1606年の「行列」順路

と市民が勅令に従うものと考えている」と返答した。これに対して市軍司令官は、慣例の遵守をもう一度要請した上で、「修道士たちが市政府の望まないことを行うならば、市政府はそれに対して責任を負うつもりはない」と付けくわえた。

日本より緯度が高いドイツの四月下旬は、かなり早く夜が明ける。朝の六時すぎに、行列は動きはじめた。先頭には副修道院長のベック、屈強な若い四人の修道士、事件が起きたときの証人として近郊のディリンゲンから呼ばれた法律家のシュラール、アウクスブルクの大富豪の家系で、ドナウヴェルト市内に館を持つフッガー伯爵の夫人、近郊のカイスハイム修道院の使節たちがならび、それに修道士たちと一般信徒たちが続いた。

往時の面影を残すドナウヴェルトの中心街（現在）

彼らは、沢山の旗をなびかせながらプフレーク館の前を通りすぎ、そこから市教区教会の傍らを、これまでのようにクローネン通りに向かうのではなく、まっすぐにマルクト広場にはいった。それは、行列参加者の長年の夢が実現した瞬間であった。一方、宗教改革派の市民たちは、「その光景を見て、老いも若きも、男も女も、そして、とりわけ若い徒弟（見習いの職人）たちが、路上で、行列と同じ方向や反対の方向に走り回り、罵声、ヤジ、嘲弄《ちょうろう》の声を浴びせかけた」。行列はこれを無視しながら、市庁舎前を通り、内ドナウ門を出て、ヴェルニッツ橋を渡った。橋を渡り終えたとき、彼らは計画の成功を喜びあい、大歓声をあげた。

　行列が出ていったあと、市内では宗教改革派のひとびとが路上に集まり、興奮しながら口々に怒りと不満をあらわにしていた。彼らをなだめるために、市政府の有力者である市参事会員カスパール・リンチャーが、市政府が修道院に警告を発した事情を説明したが、これは逆効果で、ますます彼らを憤慨させることになった。

「今だ、はじめろ！」

そうこうするうち、正午前、行列が戻ってきた。ヴェルト門のところで待ちかまえていたリンチャーほか、数名の市参事会員、数名の武装した市軍兵士が、行列に向かって「市外の者は帰れ！」と大声で叫んだ。そして、ドナウヴェルトの住人が外ドナウ門を入ったところで、その門扉を閉めさせた。この時点では、彼らはそれ以上の措置は考えていなかったようである。

しかし、事態は悪いほうに進んでいった。行列のひとびとがさらに内ドナウ門に近づくと、集まってきた宗教改革派の住民たちが、「以前のような形で行列を行え」と口々に叫んだ。宿屋の主人のホーエンシルトという男が、息子と一緒に内ドナウ門の門扉を押し閉めた。それに対して行列からは、カトリックの信徒代表シュトレーレが、門を開けて皇帝の勅令にしたがうよう要求したが、群衆の声にかき消された。やがて、行列のなかからひとりのカトリック市民がヴェルト門のところまで走っていき、そこにいた市参事会員のリンチャーに、事態を収拾してくれと頼んだ。リンチャーは行列の先頭のところにやってきたが、宗教改革派である彼はその場の興奮した雰囲気に流されたのか、群衆を鎮めるのではなく、事件のきっかけを与えてしまった。「今だ、はじめろ！」と叫んでしまったのである。

こうして、騒擾《そうじょう》がはじまった。あるひとびとは、小路に置いてあった荷車からホップの枝を取り出し、武器のかわりにした。「塩ちび」とあだ名されていたマイアという男が聖十字架修道院の旗の竿を折り、アルゲルトという男がその旗の布を引き破った。また、あるひとびとは、行列に持ち出されていた十字架を奪い取り、地面にたたきつけてこわした。まだ冷静さを保っていた市軍司令官が、「行列に道を開けろ！」と何度も叫んだが、もはや混乱は収拾できなかった。宗教改革派のひとびとは、内ドナウ門の外側にいる行列に向かって罵声を浴びせながら、棒で殴りかかり、石を投げつけた。しばらくして、リンチャーが思いついて、内ドナウ門の外側から市内のドイツ騎士団館の裏庭に通じる小門を開けたので、行列のひとびとはそこに避難した。そこから彼らは、ごみや汚物の山が放置されたままになっていて、普段はほとんど人通りのない狭いブロイ通りから続く裏通りを通って、逃げるように修道院に戻っていった。宗教改革派の市民たちは、プフレーク館の前まで、あざけりの叫び声をあげながら、行列を取り囲むようについていった。

「帝国追放」の判決

「ドナウヴェルトの旗争い」ともいわれる一六〇六年のこの騒擾は、五十年余に及ぶ、行列をめぐる市民の宗派対立の最終的帰結であった。前章にみたアウクスブルクとは対照的に、ドナウヴェルトの市民そして市政府は、両宗派共存のための感情コントロールをうまくなしえなかったことになる。事件のあと、報告を受けたアウクスブルク司教は、もう一度、帝国宮廷顧問会議にドナウヴェルト市を告発し、まもなく市は、『アウクスブルクの宗教和議』違反で「帝国追放」の判決を受けた。

もちろん、ひとつの都市を、そのまま国外に追放することは物理的に不可能である。「帝国追放」は、ドナウヴェルト市がその法的権利を一切失うことを意味していた。一六〇七年になると、近隣のカトリック大領邦のバイエルン大公が、判決を根拠に市を武力占領し、全市をカトリック化した上で、自らの領地としてしまった。ドナウヴェルトの市民たちの宗派対立感情と、それに対する都市政府の古い意識と安易な対応が、帝国自由都市ドナウヴェルトを崩壊させたことになる。アウクスブルクとはいかにも対照的であるが、どちらもこの時期の社会心性であった。

エピローグ

「意図された」改革

宗教改革と宗派対立の時代は、中世の伝統的な生活のただ中にあった民衆に、信仰だけでなく、日常生活の多様な側面の改革を提起した。それには、宗教改革の指導者たちと、少し遅れてこれに対抗したカトリックの指導者たちが、「意図して」提出した改革と、両者の改革提起の結果としてもたらされた「本来意図されていなかった」改革とがある。

まず、「意図された」改革は、宗教改革者たちの新しい世界観から生まれたものである。通常、ルターの問題提起は「信仰のみ」による義認といわれるが、当時の民衆に突きつけられたのはその難解な神学理論ではなく、そこから演繹されるわかりやすい行動であった。贖宥状の販売は中止すべきこと、聖画像の寄進や敬愛はやめること、修道士制もやめること、聖職者も結婚すべきことなどである。これらの行動課題を、宗教改革派は、当時確立の域に達していた印刷物メディアを用いて大々的に民衆に宣伝した。

それらの動きに対抗して、まもなくカトリック教会も、民衆に向けて旧来の見解を堅持することを確認し、また、彼らの側からの新しい改革と対抗措置を示した。聖画像や荘厳な教会装飾の存続、修道士制と聖職者独身制の堅持、あるいはグレゴリウス暦の導入、「行列」の再開と強化などが、それである。

それらをまとめると、宗教改革派が求めたものは、中世的な生活システムの積極的な変更であり、カトリックが教えたものは、それの時代にあわせた修正であったということができよう。

歴史学としての具体的な論証はこれからであるが、以上のようなカトリックと宗教改革派の変更あるいは修正された価値観は、社会構造のもう少し基底的な部分にも影響を与えたはずである。例えば、宗教改革派の地域では、聖画像や教会装飾を作っていたひとびとのうち一定の人数が確実に失職したであろうし、社会全体としても、教会関係への出費が減少したに違いない。しかし、カトリックの地域で教会建築や教会芸術にたずさわるひとびとは、従前同様あるいはそれ以上の注文依頼を確保したであろうし、社会全体の富のうちでも、教会に充当される割合は相変わらず大きかったと考えられる。また、カトリックの地域に比べて宗教改革派の地域では、男女数のアンバランスによる結婚難がわずかでも解消されたであろうし、書籍の販売量とそれに基づく出版業の経済的存立基盤も相対的に大きくなったはずである。

「意図されていなかった」改革

次に、「意図されていなかった」改革とは、それまでカトリック教会というキリスト教のほぼ単一宗派社会であった西ヨーロッパが、宗教改革派を加えた複数宗派社会に変わったことである。もちろん、中世の間にも、カトリック教会にたてをつく異端運動があったが、それはあくまで異端という特別な存在であり、結局は一時的かつ局地的な運動でしかなかった。しかし宗教改革派は、またたく間にカトリック教会と相対峙《あいたいじ》する教会勢力あるいは世界観勢力となった。

カトリックも宗教改革派も、ともに自分たちの教義こそが真理という確信に立っており、「信徒を永遠の破滅に導く誤った教義」を説く相手宗派を許容する思考はもちあわせていなかった。当時のキリスト教はその厳格な一神教的性格もあり、われわれ今日の日本人が想像する以上に、そのことへのこだわりは大きかったと考えられる。十六世紀の民衆にとって、一社会に複数の宗派が併存する現実を受け入れるには、根底的な価値観の修正を必要としたはずである。そのため、宗派間の争いが各地で相次ぎ、やがて三十年戦争という大宗教戦争が起こることになるが、一方で、ドイツの一部の帝国自由都市では二宗派の併存体制が成立し、維持された。

どちらかといえば少数派であるこれらの都市共同体の試みが、ドイツ史や西ヨーロッパ史に占める位置づけは議論の余地があるが、それでもこの二宗派併存体制が、宗教的寛容や信教の自由といった高邁《こうまい》な理念にしたがった制度ではなく、都市の政治的自律性を確保するための窮余の策であったことは十分に興味深い。現実生活からの要請を、それまで自明としてきた教義や理念に優先させねばならない場合があることを、西ヨーロッパのひとびとが実感しはじめたのが十六世紀から十七世紀はじめであった。

リストラか新時代か

本書の冒頭に、宗教改革と宗派対立の時代は中世のリストラ期であったと書いた。リストラ（あまりセンスのよくない略語であるが）とは、意識的であるかどうかはともかく、旧来の制度、事物、観念の不可避的な合理化と能率化であって、社会全体の容積と内容までを変えることはないように思われる。近年、歴史学界では、近代は十七世紀の後半以降に成立してきたという考えが支配的である。十七世紀以降の科学革命と産業革命は、物理法則の確定と化石燃料の利用によって、人間が利用しうるエネルギーの量を飛躍的に増大させたし、また、各国の市民革命に象徴される市民社会の形成と、それを母胎とする大衆社会の誕生は、人間社会の階層的秩序を全面的に刷新した。社会全体の容積と内容が一新されることになり、近代という新しい社会ができあがったことになる。単なる現状の合理化と能率化であるリストラからは、新しい社会は生まれないのではなかろうか。

そう考えると、合理化と能率化を推進しながらも、飛躍的に増大したエネルギー量の獲得と全面的な階層秩序の刷新へのめどがいまだに立たない現代が、いわば近代のリストラ期であるのと同様に、宗教改革と宗派対立の時代は、まだ近代の姿がはっきりとは見えてこない中世のリストラ期と呼ぶことができよう。違うのは、現代のわれわれが、社会の不可避的な変更と修正を意識的に捉えているのに対して、ルターの同時代人たちは、それを半ば無意識的に感じとっていたにすぎないらしいこと、そして、現代は、変革が必然であるとしても、それをできるかぎり穏やかな形で実行したいと願うひとびとの数が、ルターの時代よりも圧倒的に増えていることである。

あとがき

本書が、私のこれまでの研究を土台としているのは確かだが、しかし、それだけでは完成しなかったはずである。一九九八年から翌年にかけて、私は、ドイツのアウクスブルク大学ヨーロッパ文化史研究所に研究滞在する機会を得た。宗教改革と宗派対立の舞台を、その四世紀後に訪れた体験は、私の研究にはずみをつけてくれただけではなく、また、研究文献を通じては得ることができない貴重な見聞や示唆を与えてくれた。現地で接した学兄たちとの出会い、研究の周辺的体験が、本書の叙述をスムーズにしてくれたという思いである。

例えば、研究所のJ・ブルクハルト教授はカトリック信仰であった。彼の研究態度が個人的な宗派利害とは無縁であることは重々承知していても、宗教改革期におけるカトリック教会のことになると、話が長くなったような気がした。ドナウヴェルト市文書館のO・ゾイフェルト主任研究員は、現在も続いているブッゲンホーフェンへの「行列」体験に私を誘い、当日、十キロ以上の行程を、参加者ともども一緒に歩いてくださった。また、わが家の隣に住んでいた大家のパウ夫妻は、今日もひとが絶えない近郊の（聖母マリア像の）

「聖所」に案内してくださったり、教会祝日の現在の様子をのぞかせてくださった。

さて、執筆にあたって意図したのは、できるだけ研究の新しい動向をふまえることである。第一は、民衆に焦点をあてたことである。社会史的研究はもはや最新とはいえないが、それでも古くはないであろう。今のところ、ドイツ宗教改革の民衆をテーマとする一般向け書物は、森田安一氏の著作（参考文献表を参照）だけのようである。第二は、宗教改革と宗派対立の時代を、近代のはじまりとするよりも、むしろ中世の末期とする近年の学界の動向に配慮したことである。そのことを研究として確定するには、ルターの救済論の問題設定が中世的であるかどうかをはじめとして、様々な論点の検証が必要であるが、それらの詳細に立ち入らずとも、本書に登場した有名、無名のひとびとが、近代人というより中世人であったことは十分に納得していただけたと考えている。

第三は、十六世紀から十七世紀前半までを一続きに捉え、さらに、カトリックと宗教改革派をいわば並列的に一望のもとに収めたという視野の新しさである。この時代についての従来の諸研究は、十六世紀前半の宗教改革に関心を集中させた結果として、その時期のカトリック勢力の動向、そして十六世紀後半から十七世紀前半の諸相をほとんど視野からはずしていた。宗教改革は社会に新しいことがらを持ち込んだが、カトリックは旧態依然で、宗教改革を前にしてなすべき何の術ももたなかった、そして、両宗派の対立が先鋭化したその後の時代は、混乱と戦乱ばかりで見るべきものがないという判断である。しかし今日、十六世紀から十七世紀前半は、カトリックと宗教改革派の両方にとって、改革と対峙のときであったという考え方が提起され、それにしたがって、上述のような視角が注目されはじめている。本書は、そのような視点からの研究成果を大いに取り入れている。

末筆になったが、叙述の材料としたり、引用させていただいた先行研究の著者である諸学兄に感謝申しあげねばならない。また、写真や図版の収集に、あれこれとご援助くださった福岡教育大学の堀口里志氏に御礼申しあげたい。

そして、講談社現代新書出版部の上田哲之部長と広部潤副部長には、心より感謝申しあげる次第である。本書の形が何とか整ったのは、ひとえにおふたりのおかげである。

二〇〇四年三月

永田諒一

参考文献

宗教改革に関する日本語の一般向け書物は多いが、その社会史的叙述となると、まだ数少ない。また、宗派対立の時代に関しては、邦語文献自体が皆無に近い。本書が利用した邦語文献については本文中に明示したが、それらも含めて主要な参考文献を挙げておく。

阿河雄二郎「アンシャンレジーム期の社会史研究の現状」『史林六四・二』一九八一年。

印出忠夫「十五世紀ボルドーにおける大司教座参事会行列順路にみる宗教的心性」『西洋史学・一五一』一九八八年。

E・H・エリクソン、大沼隆訳『青年ルター』教文館、一九七四年。

R・エンゲルジング、中川勇治訳『文盲と読書の社会史』思索社、一九八五年。

踊共二「チューリヒ宗教改革における聖画像破壊について」『西洋史学・一四六』一九八七年。

C・V・ゲオルギウ、浜崎史郎訳『若きルターとその時代』聖文舎、一九七二年。

R・シュトゥッペリヒ、森田安一訳『ドイツ宗教改革史研究』ヨルダン社、一九八四年。

C・シンガー他編、田中実他訳『技術の歴史・第六巻』筑摩書房、一九七八年。

高宮利行『グーテンベルクの謎』岩波書店、一九九八年。

C・M・チポラ、佐田玄治訳『読み書きの社会史』御茶の水書房、一九八三年。

富田修二『グーテンベルク聖書の行方』図書出版社、一九九二年。

P・バーク、中村賢二郎他訳『ヨーロッパの民衆文化』人文書院、一九八八年。

L・フェーヴル、H-J・マルタン、関根素子他訳『書物の出現（上・下）』筑摩書房、一九八五年。

K・ブラシュケ、寺尾誠訳『ルター時代のザクセン―宗教改革の社会・経済・文化史―』ヨルダン社、一九八一年。

R・フリーデンタール、笠利尚他訳『マルティン・ルターの生涯』新潮社、一九七三年。

紅山雪夫『ヨーロッパが面白い（上・下）』トラベルジャーナル、一九九一年。

B・メラー、森田安一他訳『帝国都市と宗教改革』教文館、一九九〇年。

森田安一『ルターの首引き猫』山川出版社、一九九三年。

F・レーリヒ、魚住昌良他訳『中世ヨーロッパ都市と市民文化』創文社、一九七八年。

渡辺茂『ドイツ宗教改革―精神と歴史―』聖文舎、一九六八年。

渡辺伸「ハンス・バルドゥング・グリーンと宗教改革」『長崎大学教養部紀要（人文科学篇）三〇・一』一九八九年。
R. H. Bainton, Here I stand, London, 1950.

R. G. Cole, The Reformation Pamphlet and Communication Processes, H.-J. Köhler (ed.), Flugschriften als Massenmedium der Reformation, Stuttgart, 1981.

A. G. Dickens, The German Nation and Martin Luther, London, 1974.

J. L. Flood, The Book in Reformation Germany, J.-F. Gilmont (ed.), The Reformation and the Book, Adlershot, 1998.

A. Hauser, Was für ein Leben, Schweizer Alltag vom 15. bis 18.Jahrhundert, Zürich, 1987.

F. Kaltenbrunner, Der Augsburger Kalenderstreit, Mitteilungen des Instituts für österreichische Geschichtsforschung 1, 1880.

B. Moeller, Reichsstadt und Reformation, Berlin, 1987.

A. Nowicki-Pastuschka, Frauen in der Reformation, Pfaffenweiler, 1990.

H. Presser, Gutenberg, Hamburg, 1967.

E. G. Schwiebert, Luther and His Times, The Reformation from a New Perspective, Saint Louis, 1950.

R. W. Scribner, For the Sake of Simple Folk, Cambridge, 1981.

Ph. Stieve, Der Kampf um Donauwörth, München, 1875.

P. Warmbrunn, Zwei Konfessionen in einer Stadt, Wiesbaden, 1983.

写真・図版の出典（数字は掲載頁）

H. Diwald & K.-H. Jürgens (ed.), Lebensbilder Martin Luthers, 1982 : 19, 52, 53, 54, 55, 57, 58, 59, 60, 73, 84, 91, 105, 109.

J.-F. Gilmont (ed.), The Reformation and the Book, 1998 : 75, 81.

Grand Dictionnaire Encyclopedique : 13, 15.

G. Grünsteudel (ed.), Augsburger Stadtlexikon, 1998 : 115, 117, 139, 159, 188.

A. Hauser, Was für ein Leben, Schweizer Alltag vom 15. bis 18.Jahrhundert, 1987 : 87, 95.

H. Lutz, Das Ringen um deutschen Einheit und kirchliche Erneuerung, 1983 : 127, 129, 153.

H. Meuche, Flugblätter der Reformation und des Bauernkrieges, 1976 : 11, 22, 49, 51, 135, 171.

H. Pesser, Gutenberg, 1967 : 25, 27, 29, 61, 67, 69.

W. Schiedermair (ed.), Heilig Kreuz in Donauwörth, 1987 : 91, 192.

H. Schwarz (ed.), Reformation und Reichsstadt, 1994 : 47, 99.

R. W. Scribner, For the Sake of Simple Folk, 1981 : 51, 57.

E. G. Schwiebert, Luther and His Times, 1950 : 17, 52, 77.

C・シンガー他編、田中実訳『技術の歴史　六』筑摩書房、一九七八年 : 31, 32, 34.

講談社現代新書　1712

宗教《しゅうきょう》改革《かいかく》の真実《しんじつ》　カトリックとプロテスタントの社会史《しゃかいし》

二〇〇四年三月二〇日第一刷発行　二〇一四年一二月一九日第四刷発行

著者――永田諒一《ながたりょういち》

発行者――鈴木　哲　発行所――株式会社講談社

東京都文京区音羽二丁目一二―二一　郵便番号一一二―八〇〇一

電話（出版部）〇三―五三九五―三五二一　（販売部）〇三―五三九五―五八一七　（業務部）〇三―五三九五―三六一五

カバー・表紙デザイン――中島英樹

印刷所――凸版印刷株式会社　製本所――株式会社大進堂

（定価はカバーに表示してあります）　Printed in Japan

N.D.C.230　226p　18cm

ISBN4-06-149712-X

「講談社現代新書」の刊行にあたって

教養は万人が身をもって養い創造すべきものであって、一部の専門家の占有物として、ただ一方的に人々の手もとに配布され伝達されうるものではありません。

しかし、不幸にしてわが国の現状では、教養の重要な養いとなるべき書物は、ほとんど講壇からの天下りや単なる解説に終始し、知識技術を真剣に希求する青少年・学生・一般民衆の根本的な疑問や興味は、けっして十分に答えられ、解きほぐされ、手引きされることがありません。万人の内奥から発した真正の教養への芽ばえが、こうして放置され、むなしく滅びさる運命にゆだねられているのです。

このことは、中・高校だけで教育をおわる人々の成長をはばんでいるだけでなく、大学に進んだり、インテリと目されたりする人々の精神力の健康さえもむしばみ、わが国の文化の実質をまことに脆弱なものにしています。単なる博識以上の根強い思索力・判断力、および確かな技術にささえられた教養を必要とする日本の将来にとって、これは真剣に憂慮されなければならない事態であるといわなければなりません。

わたしたちの「講談社現代新書」は、この事態の克服を意図して計画されたものです。これによってわたしたちは、講壇からの天下りでもなく、単なる解説書でもない、もっぱら万人の魂に生ずる初発的かつ根本的な問題をとらえ、掘り起こし、手引きし、しかも最新の知識への展望を万人に確立させる書物を、新しく世の中に送り出したいと念願しています。

わたしたちは、創業以来民衆を対象とする啓蒙の仕事に専心してきた講談社にとって、これこそもっともふさわしい課題であり、伝統ある出版社としての義務でもあると考えているのです。

一九六四年四月　野間省一

世界史Ⅰ

834 ユダヤ人——上田和夫
934 大英帝国——長島伸一
959 東インド会社——浅田實
968 ローマはなぜ滅んだか 弓削達
1017 ハプスブルク家——江村洋
1019 動物裁判——池上俊一
1076 デパートを発明した夫婦 鹿島茂
1080 ユダヤ人とドイツ——大澤武男
1088 ヨーロッパ「近代」の終焉——山本雅男
1097 オスマン帝国——鈴木董
1151 ハプスブルク家の女たち 江村洋
1249 ヒトラーとユダヤ人 大澤武男
1252 ロスチャイルド家 横山三四郎
1282 戦うハプスブルク家 菊池良生
1306 モンゴル帝国の興亡〈上〉——杉山正明
1307 モンゴル帝国の興亡〈下〉——杉山正明
1314 ブルゴーニュ家——堀越孝一
1321 聖書vs.世界史——岡崎勝世
1366 新書アフリカ史——宮本正興 松田素二 編
1389 ローマ五賢帝——南川高志
1442 メディチ家——森田義之
1486 エリザベスⅠ世——青木道彦
1557 イタリア・ルネサンス——澤井繁男
1572 ユダヤ人とローマ帝国 大澤武男
1587 傭兵の二千年史——菊池良生
1588 現代アラブの社会思想 池内恵
1664 新書ヨーロッパ史 中世篇 堀越孝一 編
1673 神聖ローマ帝国——菊池良生
1687 世界史とヨーロッパ 岡崎勝世
1705 魔女とカルトのドイツ史——浜本隆志
1712 宗教改革の真実——永田諒一
2005 カペー朝——佐藤賢一
2070 イギリス近代史講義——川北稔
2096 モーツァルトを「造った」男——小宮正安
2189 世界史の中のパレスチナ問題 臼杵陽

哲学・思想Ⅰ

66 哲学のすすめ——岩崎武雄

159 弁証法はどういう科学か 三浦つとむ

501 ニーチェとの対話——西尾幹二

871 言葉と無意識——丸山圭三郎

898 はじめての構造主義——橋爪大三郎

916 哲学入門一歩前——廣松渉

921 現代思想を読む事典 今村仁司 編

977 哲学の歴史——新田義弘

989 ミシェル・フーコー——内田隆三

1001 今こそマルクスを読み返す 廣松渉

1286 哲学の謎——野矢茂樹

1293 「時間」を哲学する——中島義道

1301 〈子ども〉のための哲学 永井均

1315 じぶん・この不思議な存在——鷲田清一

1357 新しいヘーゲル——長谷川宏

1383 カントの人間学——中島義道

1401 これがニーチェだ——永井均

1420 無限論の教室——野矢茂樹

1466 ゲーデルの哲学——高橋昌一郎

1504 ドゥルーズの哲学——小泉義之

1575 動物化するポストモダン——東浩紀

1582 ロボットの心——柴田正良

1600 ハイデガー＝存在神秘の哲学——古東哲明

1635 これが現象学だ——谷徹

1638 時間は実在するか 入不二基義

1675 ウィトゲンシュタインはこう考えた——鬼界彰夫

1783 スピノザの世界——上野修

1839 読む哲学事典——田島正樹

1948 理性の限界——高橋昌一郎

1957 リアルのゆくえ——大塚英志 東浩紀

2004 はじめての言語ゲーム——橋爪大三郎

2048 知性の限界——高橋昌一郎

2050 超解読！ はじめてのヘーゲル『精神現象学』 竹田青嗣 西研

2084 はじめての政治哲学 小川仁志

2099 超解読！ はじめてのカント『純粋理性批判』 竹田青嗣

2153 感性の限界——高橋昌一郎

2169 超解読！ はじめてのフッサール『現象学の理念』——竹田青嗣

2185 死別の悲しみに向き合う——坂口幸弘

哲学・思想Ⅱ

13 論語——貝塚茂樹
285 正しく考えるために 岩崎武雄
324 美について——今道友信
445 いかに生きるか——森有正
1007 日本の風景・西欧の景観——オギュスタン・ベルク 篠田勝英 訳
1123 はじめてのインド哲学 立川武蔵
1150 「欲望」と資本主義——佐伯啓思
1163 「孫子」を読む——浅野裕一
1247 メタファー思考——瀬戸賢一
1248 20世紀言語学入門——加賀野井秀一
1278 ラカンの精神分析——新宮一成
1358 「教養」とは何か——阿部謹也

1436 古事記と日本書紀 神野志隆光
1439 〈意識〉とは何だろうか——下條信輔
1542 自由はどこまで可能か 森村進
1544 倫理という力——前田英樹
1560 神道の逆襲——菅野覚明
1741 武士道の逆襲——菅野覚明
1749 自由とは何か——佐伯啓思
1763 ソシュールと言語学——町田健
1849 系統樹思考の世界——三中信宏
1867 現代建築に関する16章——五十嵐太郎
1875 日本を甦らせる政治思想——菊池理夫
2009 ニッポンの思想——佐々木敦
2014 分類思考の世界——三中信宏

2093 ウェブ×ソーシャル×アメリカ 池田純一
2114 いつだって大変な時代——堀井憲一郎
2134 いまを生きるための思想キーワード——仲正昌樹
2155 独立国家のつくりかた 坂口恭平
2164 武器としての社会類型論 加藤隆
2167 新しい左翼入門——松尾匡
2168 社会を変えるには——小熊英二
2172 私とは何か——平野啓一郎
2177 わかりあえないことから 平田オリザ
2179 アメリカを動かす思想 小川仁志

日本語・日本文化